„Ihr Herren, Kaiser und Könige,
Herzöge und Fürsten, Grafen, Ritter und Bürger,
und ihr alle, die ihr den Wunsch habt,
Kunde zu erlangen von den mannigfaltigen
Völkern des Menschengeschlechts und den
verschiedenen Reichen, Provinzen und Ländern
im Osten der Welt:

Lest dieses Buch,
und ihr werdet darin die wunderbarsten
und denkwürdigsten Beschreibungen
der Menschen,

besonders in Groß- und Kleinarmenien, Persien,
der Türkei, Indien und im Lande der Tataren
finden, wie sie in diesem Buch von Marco Polo
niedergelegt worden sind, einem klugen

und gelehrten Bürger der Stadt Venedig,
der genau unterscheidet zwischen dem,
was er mit eigenen Augen gesehen,
und dem, was er von anderen erfahren hat.

Denn dieses Werk wird nur wahre
und zuverlässige Angaben enthalten."

Jean-Pierre Drège forscht an der Ecole Française in Paris
über die Geschichte des Fernen Ostens. Gleichzeitig hat er einen Lehrauftrag an der Ecole Pratique des Hautes Etudes (Paris).
Er ist Spezialist für Geschichte und Kultur der Schriftsprache in China und arbeitet seit ca. zwölf Jahren über chinesische Manuskripte aus Dunhuang, einer berühmten Oase an der Seidenstraße.
Seit dem Jahr 1988 vertritt er die These, daß sich z. Zt. der Manuskripte Bibliotheken in China nachweisen lassen.
Er ist Autor mehrerer Werke, u. a. des Buchs „Seidenstraße“.

Deutsche Textfassung: Eva Sulzer
Wissenschaftliche Überarbeitung: Dr. Dr. Ulrich Knefelkamp, Historiker

Die Deutsche Bibliothek – CIP-Einheitsaufnahme

Marco Polo und die Seidenstrasse / Jean-Pierre Drège.
[Dt. Textfassung: Eva Sulzer. Wiss. Überarb.: Ulrich Knefelkamp.
Red. der dt. Fassung: Martin Sulzer]. –
Dt. Erstausg. – Ravensburg: Maier, 1992
(Abenteuer Geschichte; 30) (Ravensburger Taschenbuch)
Einheitssacht.: Marco Polo et la route de la soie <dt.>
ISBN 3-473-51030-0
NE: Drège, Jean-Pierre; Knefelkamp, Ulrich [Bearb.]; EST; 1. GT

ABENTEUER GESCHICHTE

Deutsche Erstausgabe als Ravensburger Taschenbuch

Die Originalausgabe erschien unter dem Titel
„Marco Polo et la Route de la Soie“

Redaktion der deutschen Fassung: Martin Sulzer

Satz: Eduard Weishaupt, Meckenbeuren
Printed in Italy by Soc. Editoriale Libraria

5 4 3 2 1 96 95 94 93 92

ISBN 3-473-51030-0

MARCO POLO UND DIE SEIDENSTRASSE

Jean-Pierre Drège

Otto Maier Ravensburg

ERSTES KAPITEL

DIE ZEIT DER BOTSCHAFTER

„So kam es, daß die Skythen und die Sarmaten Botschafter sandten, die um unsere Freundschaft bitten sollten. Auch die Serer und Inder, die genau unter der Sonne wohnen, brachten kostbare Steine und Perlen und neben anderen Geschenken auch Elefanten. (…) Nur die Hautfarbe dieser Leute zeigte, daß sie aus einer Gegend kamen, die unter einem anderen Himmel liegt."

Florus (Ende 1. Jahrhundert n. Chr.)

„Der Herrscher der Großen Qin (Römisches Reich) wünschte beständig, diplomatische Verbindungen mit China einzugehen, aber die Parther, die den Handel mit den chinesischen Seidenwaren in ihrer Hand behalten wollten, stellten sich dem entgegen, und zwar in der Weise, daß keine direkten Verbindungen entstehen konnten."

Geschichte der Späteren Han, 430 n. Chr.

Gegen Ende des 19. Jahrhunderts gibt der deutsche Geograph Ferdinand von Richthofen dem Netz von Verbindungswegen zwischen China und dem Okzident den Namen „Seidenstraße". Der Name setzt sich durch, obwohl er im Grunde genommen nur eine vereinfachende Bezeichnung für die ganze Geschichte des Handels zwischen dem Fernen Osten und Europa seit dem 1. Jahrhundert v. Chr. ist, denn bereits damals haben die Römer die Seide für sich entdeckt. Zwar ist die Seidenstraße auch eine Handelsstraße – für Gewürze, Papier und Porzellan –, doch sie ist viel mehr als das: eine Verbindung, über die geistiges, religiöses oder technisches Wissen ausgetauscht wird.

„Ich sehe seidene Gewänder – soweit sie die Bezeichnung überhaupt verdienen –, an denen nichts ist, womit man seinen Körper oder auch nur die Scham schützen könnte. Wenn eine Frau solche Gewänder anlegt, wird sie schwören, sie sei nicht nackt, doch man vermag ihr nicht zu glauben. Das ist nun der Stoff, der um einen gewaltigen Betrag von fernen Gegenden, die auch dem Handel fast unbekannt sind, herbeigeschafft wird, damit unsere Damen ihren ehebrecherischen Liebhabern im Schlafzimmer nicht mehr von sich zeigen, als sie es ohnehin in der Öffentlichkeit tun."

Seneca,
Über die Wohltaten
(1. Jahrhundert n. Chr.)

Im 1. Jahrhundert v. Chr. lernen die Römer durch die Parther einen geheimnisvollen Stoff kennen, der aus dem Fernen Osten kommt.

Im gesamten mesopotamischen Flußbecken hat man zahlreiche Münzen mit Darstellungen parthischer Herrscher gefunden. Links Mithridates I. (171 – 138 v. Chr.), einer der ersten parthischen Herrscher; rechts Vologaeses III. (147 – 191 n. Chr.), der mehrmals von den Römern angegriffen wird.

Als die Seide in Rom aufkommt, nennen sie die Römer „serica“. Es ist möglich, daß der damalige chinesische Begriff für Seide, „sjeh“, über verschiedene Zwischenstufen zur gleichen Zeit wie der kostbare Stoff bis nach Rom gelangt. Die Römer wissen damals noch nichts über das Land, aus dem die Seide stammt. Für sie ist es das Land der Serer (Issedonen), und sie siedeln es am Ende der ihnen bekannten Welt an. Von diesem Land unterscheiden sie ein weiteres geheimnisvolles Land, China, das sie Thina nennen. Dieser Begriff leitet sich zweifellos vom Reich der *Qin** her, das 221 v. Chr. gegründet wurde. Allerdings haben die Römer selbst im 1. Jahrhundert v. Chr. noch keinerlei direkte Verbindung nach China. Erst nach der Eroberung Syriens im Jahr 64 v. Chr. entwickeln sich Kontakte mit dem mächtigen Reich der Parther, die den Handel der Karawanen mit Zentralasien kontrollieren.

Der Grund für den Erfolg der Seide in Rom liegt nicht so sehr in den Vorzügen der Ware selbst, sondern vielmehr in der mysteriösen Herkunft des Stoffes. Sie ist das erste Tauschhandelsgut zwischen China und dem Okzident, dessen Spuren man mit einiger Sicherheit verfolgen kann.

„Und aus demselben Grunde (wegen der Sonnenhitze des Klimas) sprieße aus einigen (Baumzweigen) auch Wolle. Daraus werden nach Nearchus die feinen Musselingewänder gewebt. Die Macedonier aber bedienen sich ihrer zum Polstern der Kissen und zum Ausstopfen der Sättel. Solcherart sind auch die serischen Zeuge, deren Stoff von der Rinde gewisser Bäume abgekratzt wird.“
Strabo, Erdbeschreibung (1. Jahrhundert v. Chr.)

kursive Begriffe siehe Glossar Seite 178.

Mit den zunehmenden Ansprüchen im untergehenden Rom wird die Seide bald zu einem gefragten Material.

Wie Purpur oder Glas gehört die Seide zu den Luxusartikeln. Zunächst benutzt man sie als Schmuck, später dient sie auch zum Überziehen von Kissen und wird schließlich außerdem zur Fertigung von Kleidern verwendet. Der Stoff ist leicht, strapazierfähig und angenehmer zu tragen als Leinen oder Wolle, und so erobert die Seide ihren Platz in den modischen Vorstellungen der Menschen.

Allerdings erheben sich schon bald eine Reihe von Stimmen gegen die Seide: Man sieht einerseits im Seidenimport einen Grund für die finanzielle Misere der Städte, andererseits wird die Seide als Indiz für die zunehmende Dekadenz des Volks gewertet. Sowohl Plinius (23 – 79 n. Chr.) als auch Seneca (4 – 65 n. Chr.) schätzen den Stoff keineswegs.

Zumindest die Sorgen um die finanziellen Auswirkungen des Seidenimports entbehren nicht einer gewissen Grundlage: Seide ist nicht nur aufgrund ihrer Herstellung, sondern auch durch die langen Transportwege ein sehr kostspieliges Material. Die Gefahren der Handelsreisen, die Gewinnsucht der Händler sowie die hohen Steuern steigern ihren Preis.

Wie die Seide auch außerhalb Chinas bekannt wird.

Schon vor den Römern bezaubert der kostbare Stoff die Menschen des Xiongnu-Nomadenreichs in den trockenen Regionen im Norden Chinas. Sie unternehmen Raubzüge und Plünderungen im Gebiet des Gelben Flusses. Um diesen zu begegnen, läßt der „erste Kaiser" der Qin, der China im 3. Jahrhundert v. Chr. eint, die Schutzwälle erweitern und verstärken, die im Norden des Landes von Osten nach Westen verlaufen. Daraus entsteht schließlich die Große Mauer. Durch diese Maßnahmen gelingt es den Herrschern der Qin zwar, die Macht der Xiongnu einzuschränken, doch im 2. Jahrhundert v. Chr. erstarken sie wieder, und es gelingt den ersten Herrschern der *Han*-Dynastie nicht, sie in Schach zu halten.

Nachdem sie mit einer rein militärischen Lösung keinen Erfolg haben, gehen die Han-Kaiser dazu über, die Friedensabkommen mit den nomadisierenden Stämmen durch Heiraten zu besiegeln. Durch solche Verträge, die zudem oft erneuert werden, erkauft sich China den Frieden an den Grenzen. Mehrmals im Jahr überreichen die Han den Xiongnu „Geschenke", Schenkungen, die im Lauf der Zeit immer wichtiger und umfangreicher werden: Sie umfassen eine große Zahl unterschiedlicher Seidenwirkereien sowie Seidenballen als Füllmaterial. Den überschüssigen Teil der Stoffe verwenden die Xiongnu für den Tauschhandel mit anderen Nomadenvölkern, die weiter im Westen beheimatet sind. So gelangt die Seide durch weitere Tauschgeschäfte schließlich bis ins Abendland.

Trotz aller Bemühungen um eine Befriedung veranlassen die Forderungen der Xiongnu die Han dazu, Allianzen mit anderen Völkern in Zentralasien einzugehen, die den Xiongnu feindlich gesinnt sind. Die Bestrebung, solche Bündnisse auszubilden, steht am Anfang der chinesischen Expansion nach Westen. Damit beginnt auch die Überlieferung der ersten Zeugnisse von Reisenden, die als Lieferanten von Seide zwischen China und dem Okzident unterwegs sind.

Die erste Mission, von der sich Spuren erhalten haben, ist die des Zhang Qian, der sich 139 v. Chr. aufmacht, um das Nomadenvolk der Yuezhi, westliche, mit den Tocharern verwandte Indogermanen, zu finden, die sich bis Baktrien zurückgezogen haben.

Das Ziel der Unternehmung Zhang Qians ist, Unterstützung von den Yuezhi zu erbitten, um die Xiongnu in die Zange zu nehmen. Zwar scheitert das Vorhaben, aber Zhang Qian berichtet, daß es bei den Yuezhi Bambus und Stoffe gebe, die aus den Reichen im Süden Chinas über eine Straße, die seither den

Das Grab des „ersten Kaisers" der Qin, der von 221 bis 210 v. Chr. regiert. Ca. 1 km östlich davon wird 1974 bei einer Ausgrabung eine Armee von etwa 7000 Terrakotta-Soldaten gefunden, die den Grabbereich bewachen.

Barbarendarstellung. Glasierte Terrakotta aus der Tang-Zeit (8. Jahrhundert).

Zu den Merkmalen der chinesischen Außenpolitik gehört die Verheiratung chinesischer Prinzessinnen mit Anführern der Xiongnu oder der Wusun. Hier sehen wir die Rückkehr der Cai Wenji, die am Ende des 2. Jahrhunderts v. Chr. zwölf Jahre mit einem Xiongnu-Führer verheiratet ist und danach wieder zurückgekauft wird. Das Bild wird Gu Deqian (10. Jahrhundert) zugeschrieben.

„Im Norden einer Stadt, die an der Ostgrenze des Reichs gelegen ist, befand sich einst vor einem Göttertempel ein großer Drachensee. Die Drachen verwandelten ihre Gestalt und paarten sich mit Stuten. Diese warfen drachenartige Füllen. Sie waren bösartig, aufbrausend und schwer zu zähmen. Aber die Sprößlinge dieser Drachenfüllen wurden sanft und fügsam. Aus diesem Grund bringt das Reich eine große Zahl exzellenter Pferde hervor."

Xiyu Ji, Denkwürdigkeiten über die westlichen Regionen

Namen Birmanische Route trägt, kommen. Zhang Qian wird mit einer weiteren Aufgabe betraut: Er soll sich 115 v. Chr. auf den Weg zu den Wusun machen, Nomaden, die im Tal des Ili leben, um sie für ein Bündnis zu gewinnen.

Auch diese zweite Mission bleibt erfolglos. Die Wusun bieten lediglich Dutzende von Pferden an. Doch immerhin stellen die beiden Aufträge den Beginn des diplomatischen wie auch des Handelsverkehrs dar.

Auf der Suche nach den himmlischen Pferden in der Fergana.

Die chinesischen Kaiser lassen sich von den Mißerfolgen der Reisen Zhang Qians nicht entmutigen, sondern rüsten weitere Missionen aus. Durch diese erfahren sie von den Pferden aus der Fergana, die noch außergewöhnlicher sein sollen als die der Wusun. Es heißt jedoch, daß die Bevölkerung sie vor den Geheimboten der Han versteckt halte. Das Interesse an diesen Pferden ist um so größer, als sie nach einer Überlieferung von himmlischen Pferden abstammen sollen. Dieselbe Überlieferung enthält eine Prophezeiung, nach der übernatürliche Pferde aus dem Nordwesten kommen sollen. So erstaunt es nicht, daß man die Pferde aus der Fergana mit den legendären Drachenpferden in Verbindung bringt, die auf eine Paarung von Drachen mit Stuten zurückgehen und aus einem Fluß

entstiegen sein sollen. Kaiser Wu aus der Dynastie der Han, der die Unsterblichkeit anstrebt, scheint es notwendig, in den Besitz der Pferde zu gelangen, um in den Himmel aufsteigen zu können.

So wird ein großes militärisches Unternehmen anberaumt, mit dem Ziel, die Völker von Dayuan bis nach Fergana dazu zu zwingen, sich zu unterwerfen. Nach einem ersten vergeblichen Versuch, 104 v. Chr., glückt das Unternehmen 101 v. Chr. Mehrere Dutzend der besten Pferde werden ausgewählt und nach China mitgeführt. Außerdem muß sich das Reich Dayuan vertraglich zu jährlich einer Lieferung „himmlischer Pferde" verpflichten.

Das himmlische Drachenpferd (linke Seite) taucht aus dem Fluß auf. Auf seinem Rücken trägt es prognostische Texte. Diese sogenannten apokryphen Kommentare sollen die Gestaltung der Welt (Verlauf der Flüsse, Lage der Meere, Berge, Hügel und Seen, Einteilung des Landes in Herrschaftsgebiete und Reiche) und die richtige Verhaltensweise der Herrscher enthalten.

Auf den Straßen in Zentralasien sind Hofbeamte, aber auch zwielichtige Gestalten unterwegs.

Seit dieser Zeit werden Abordnungen ins Reich der Parther, an den Persischen Golf und nach Indien geschickt. Manchmal umfassen sie mehrere hundert Personen. Diejenigen, die in die am weitesten entfernten Gebiete reisen, sind mindestens acht, oft sogar neun Jahre unterwegs.

Mit der wachsenden Bedeutung solcher Gesandtschaften wird auch ihre Zusammensetzung bunter. Neben den Beamten, die mit den Emblemen der staatlichen Autorität ausgerüstet sind, schleichen sich auch zwielichtigere Personen ein, die in ihre eigenen Taschen arbeiten. Zudem lauern unterwegs vielerlei Gefahren, und man ist nie sicher, ob man gesund und wohlbehalten von der Reise zurückkehren wird. Es kommt nicht selten vor, daß die Geschenke geraubt werden – oder daß Gesandte die kaiserlichen Aufträge übergehen und die Geschenke für sich behalten, um sie zu verkaufen.

So gestalten sich die Beziehungen zwischen China und den zentralasiatischen Reichen nach Abschluß der beiden militärischen Expeditionen um 100 v. Chr. auf der

„In dieser Zeit reisten mehrere Dutzend Kaufleute, die zusammen unterwegs waren, des Nachts heimlich ab, da sie von dem Begehren getrieben wurden, ihren Handel vor den anderen abzuschließen. Sie hatten kaum zwei Meilen hinter sich gebracht, als sie schon von Straßenräubern überfallen wurden, die sie ausplünderten und bis auf den letzten Mann umbrachten.“
Biographie des Xuanzang, 688 n. Chr.

Basis von Tributzahlungen und Gesandtschaften: Strategie, Diplomatie und Handel werden verbunden.

Im Zug der chinesischen Expansion werden Militär- und Handelskolonien eingerichtet. Diese dienen auch als Relaisstationen für die Karawanen, bieten ihnen Schutz und gewährleisten ihre Versorgung.

Die Tribute an den Hof von China oder: Wie Kaufleute zu Gesandten werden.

Wenn eine diplomatische Mission in eines dieser Königreiche geschickt wird, nehmen sie in der Regel Gold oder Seide mit. Im Austausch dafür schicken die Länder Boten, die Geschenke jeder Art mitbringen: „Es gab Kuriositäten in großer Zahl zu sehen, leuchtende Perlen, Kaurimuscheln, Rhinozeroshörner und Federn von Eisvögeln, die im Palast der Herrscherin aufbewahrt wurden. ‚Pushao-Pferde', Pferde mit Drachenstreifen, ‚Fischaugen-Pferde' und ‚Blutschweiß-Pferde' bevölkerten die Gelbe Pforte. Herden von großen Elefanten, Löwen und wilden Tieren wie Strauße wurden im Freien in Parks gehalten. Wunderbare Dinge wurden von den vier Enden der Welt herbeigeschafft." (Geschichte der Früheren Han, 82 n. Chr.) Jongleure und Akrobaten begleiten diese exotischen Gesandtschaften.

Der Tributaustausch öffnet den Weg zum Handelsaustausch. Die diplo-

Musiker begleiten manchmal die Gesandtschaften an den Hof von China. Die Vorliebe für exotische Musik aus den westlichen Gebieten, aus Kucha, Kaschgar, Buchara und Samarkand oder auch aus Indien, verbreitet sich v. a. seit dem 3. und 4. Jahrhundert.

matischen Missionen aus den Königreichen Zentralasiens setzen sich nicht nur aus offiziellen Gesandten und Übersetzern, sondern auch aus Kaufleuten und Hausierern zusammen, die ihre Geschäfte betreiben. Die Zahl der letzteren steigt so stark an, daß sich in einer Gesandtschaft unter der Herrschaft des Kaisers Cheng (32 – 7 v. Chr.), die aus dem Königreich Jibin (Kaschmir) kommt, kein einziger offizieller Bote hohen Ranges befindet.

Die Gesandten, die nach China kommen, um ihre Länder zu repräsentieren, sind gezwungen, sich der Etikette und den Bräuchen der Chinesen zu unterwerfen, auch wenn ihre Gesandtschaften lediglich Handelsinteressen verfolgen. Sie müssen stets auch die Unterwerfung ihrer heimischen Gebiete unter die Herrschaft des chinesischen Kaisers erklären.

Ein chinesischer Gesandter verzichtet aus Furcht vor dem Meer auf seine Mission ins Römische Reich.

Am Anfang unserer Zeitrechnung reicht die Kenntnis der Chinesen über die westlichen Gebiete bis zum Römischen

Reich. Allerdings ist dieses Wissen nur sehr vage und stützt sich allein auf die Aussagen von Gesandten und Händlern. Ende des 1. Jahrhunderts, im Jahr 97, beauftragt der in Zentralasien stationierte General Ban Chao, der die Unterwerfung der westlichen Regionen sichern soll, seinen Leutnant Gan Ying, nach Da Qin, dem Großen Qin (d. h. dem Römischen Reich), zu reisen. Um dorthin zu gelangen, muß er zunächst das Territorium der Parther durchqueren.

Gan Ying gelangt bis nach Tiaozhi, also die Region Taokè am Persischen Golf. Dort will er seinen Weg über das Meer fortsetzen, aber die Parther, die im wesentlichen den Verkehr zwischen dem Fernen Osten und dem Westen sichern, haben kein Interesse daran, daß eine direkte Verbindung zwischen China und Rom zustande kommt.

Dies unterstreichen sie durch die Ablieferung einheimischer Produkte, die wie Tribute dargebracht werden.

So bereden sie ihn, darauf zu verzichten: „Dieses Meer ist riesengroß. Diejenigen, die es überqueren und zurückkehren, benötigen dafür drei Monate, wenn sie günstige Winde haben. Wenn sie aber auf ungünstige Winde stoßen, brauchen sie dafür drei Jahre. Die Leute nehmen, wenn sie sich einschiffen, Lebensmittel für drei Jahre mit. Auf offener See wird man unweigerlich dazu getrieben, an sein Land zu denken, und man bekommt Heimweh danach. Mehrere sind daran gestorben." (Geschichte der Späteren Han) Es scheint, daß Gan Ying durch das, was ihn erwartet, abgeschreckt wird, auf die Reise verzichtet und nach China zurückkehrt, ohne das Römische Reich je kennenzulernen.

„Die Bewohner kleiden sich in Stoffe aus leuchtenden Farben. Ihre Sitten sind denen der Leute aus Chang'an ähnlich. (...) Die Menschen sind sanft und umgänglich. Viele von ihnen werden sehr alt."
Das Reich von Da Qin

Und die Seeroute? Mit Hilfe des Hippalus-Windes überqueren Seefahrer den Indischen Ozean.

Immerhin sind die Chinesen darüber informiert, daß vom Römischen Reich aus auf dem Seeweg Handelsbeziehungen zu den Parthern sowie nach Indien bestehen. Aber vor allem seit dem 2. Jahrhundert n. Chr. gewinnt die Seeroute an Bedeutung und ersetzt nach und nach die Karawanenverbindungen.

Seit dem 1. Jahrhundert v. Chr. nutzen die Seefahrer die jahreszeitlichen Winde. Laut der „Rundreise auf dem Erythräischen Meer“, einem anonymen Werk vom Ende des 1. oder Anfang des 2. Jahrhunderts, geht die Entdeckung der Route, die durch den Monsun begünstigt wird, auf einen Seefahrer namens Hippalus zurück. Für die Reise von Berenike am Roten Meer bis nach Indien lichten die Schiffe Anfang des Sommers die Anker, die Rückreise erfolgt dann ab Dezember.

Auf diesem Seeweg und später auf Flüssen reisend, kommt 166 n. Chr. ein Mann an den chinesischen Hof, der sich als Botschafter des Kaisers Marc Aurel ausweist. Doch es ist nicht sicher, ob dieser Reisende wirklich aus dem Römischen Reich kam. Die Geschenke, die er bringt – Stoßzähne von Elefanten, Rhinozeroshörner und Schildkrötenpanzer –, stammen wohl eher aus Indien. Und Indien wie auch Persien stellen ein gewichtiges Hindernis auf dem Weg zwischen China und dem Römischen Reich dar.

„Aus diesem Grunde werden Schiffe herangezogen, die an beiden Enden einen Bug besitzen, damit sie in der Enge des Kanals nicht wenden müssen. Ihr Frachtraum umfaßt ca. 3000 Amphoren. Sie (die Singhalesen) beobachten beim Segeln die Sterne nicht – der Große Bär ist in der Tat nicht sichtbar. Aber sie führen Vögel mit sich an Bord, die sie fliegen lassen, und folgen deren Flug auf das Festland zu. Sie segeln nicht mehr als vier Monate im Jahr. Vor allem vermeiden sie die 100 Tage, die auf die Sommersonnenwende folgen: Dies ist die Zeit des schlechten Wetters auf See.“

Plinius d. Ä., Naturgeschichte

Geheimnisvolles China – Rätselhaftes Rom.

Das Wissen, das die Römer und die Chinesen jeweils voneinander haben, beruht vor allem auf sagenhaften Vorstellungen und auf Horensagen: Von fremden und geheimnisvollen Ländern, ja sogar vom Schlaraffenland ist die Rede.

Die Römer stellen sich vor, die Seide sei ein Produkt, das auf einer Art „Wollbaum“ im Land der Serer wachse. Man ist davon überzeugt, daß die Serer Wassertrinker seien, die 200 oder 300 Jahre alt werden. Die Chinesen ihrerseits sehen die Römer als eine Art alter ego an und bezeichnen sie ebenso wie sich selbst als Große Qin. Außerdem glauben sie, daß auch die Römer den Maulbeerbaum und Seidenraupen züchten: „Die Menschen aus diesem Land sind alle sehr groß und haben regelmäßige Züge. Sie ähneln den Bewohnern aus dem Reich der Mitte, und deswegen nennt man das Land Großes Qin.“ (Geschichte der Späteren Han) Die Chinesen können sich nicht vorstellen, daß das Geheimnis der Seidenproduktion erst im 5. Jahrhundert im Reich Khotan, dem heutigen chinesischen Turkestan, bekannt wird, bevor es im 6. Jahrhundert bis nach Konstantinopel und erst im 12. Jahrhundert nach Sizilien gelangt.

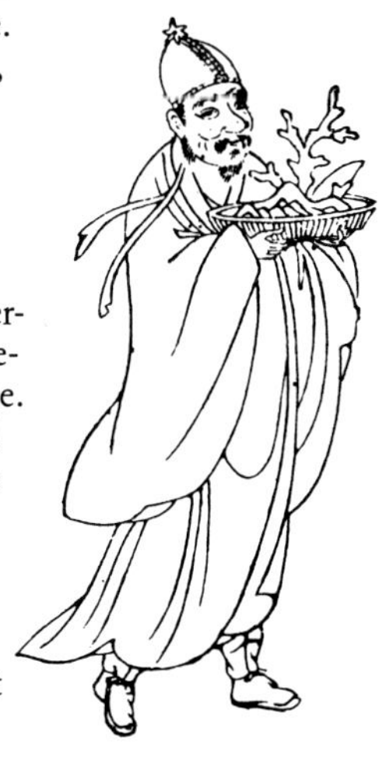

„Jede Baumart benötigt einen bestimmten Boden, nur der Maulbeerbaum kann überall gedeihen. Deshalb gibt es keinen Ort im Reich, wo man nicht Seidenraupen züchten könnte. “

„Am Tag, nachdem die Seidenraupen geschlüpft sind, gibt man ihnen getrocknete Maulbeerblätter an einem gut gelüfteten Ort. Wenn sie ein zwanzigstel Zoll groß sind, fressen sie fünfmal am Tag und in der Nacht. “

„Wenn die Seidenraupen genügend Blätter gefressen haben, ist es wichtig, daß man genau den Moment erkennt, in dem sie reif zum Spinnen sind. “

„Den Boden der Vorrichtung, in der die Raupen sich einspinnen, stellt man aus Tannenholzbrettern her, die 6 Fuß lang und 3 Fuß breit sind. “

„Man umflicht Gitter mit Streifen von gespaltenen Bambusstangen und bringt sie an einem Rahmen an, der an jeder Seite auf Holzstützen gehängt wird, und zwar in einer Höhe von 6 Fuß. Unter diesem Rahmen stellt man in einer Entfernung von 4 oder 5 Fuß Öfchen auf, die mit Holzkohle gefüllt werden."

Stanislaus Julien,
Experte aus den wichtigsten chinesischen Abhandlungen über die Zucht von Seidenraupen und Maulbeerbäumen

„Wenn die Seidenraupen ihren Kokon hergestellt haben, müssen die aussortiert werden, die geschlossen sind und deren Oberfläche dicke Streifen zeigen: Diese können sofort abgehaspelt werden. Dafür muß man sie Wasserdampf aussetzen und sie dann abhaspeln, wobei man sie in ein Becken mit lauwarmem Wasser legt.“

„Das Geheimnis des Aufspulens besteht darin, einen feinen, runden, gleichmäßigen und festen Faden zu erhalten, der weder zusammengezogen noch locker sein darf und weder Knoten noch verdickte Stellen besitzen soll.“

„Das Aufspulen der Seide konnte man von Hand oder auch mit Hilfe einer Maschine besorgen. Erstere Methode wurde für die Herstellung von Satin- und Taftstoffen bevorzugt, letztere bei der Produktion von Gazestoffen.“

„Das Färben der Seidenstränge erfolgte meistens auf der Basis von pflanzlichen Grundstoffen, z. B. Indigo oder Krapp.“

Zahlreiche Methoden der Fadenverkreuzung werden im Webhandwerk verwendet, je nach der Art, wie sich die Kettfäden, die rechtwinklig zum Webstuhl angebracht sind, und der Schußfaden, der das Schiffchen transportiert, kreuzen.

南无寶勝如來佛

ZWEITES KAPITEL

DIE ZEIT DER PILGER

„Er schaute nach allen Seiten und entdeckte Ebenen ohne Grenzen, auf denen man keine Spur eines Menschen oder eines Pferdes sah. In der Nacht ließen böse Geister Fackeln so zahlreich wie die Sterne leuchten; am Tag wirbelten schreckliche Winde den Sand auf und verschütteten ihn wie Regenströme. Bei all diesen grausamen Angriffen aber blieb sein Herz frei von Furcht."

Biographie des Xuanzang

Reisender Pilger mit Fliegenwedel in der Hand und Manuskripten auf dem Rücken, der von einem Tiger begleitet wird. Pilger stehen unter dem Schutz des erwarteten Buddha, genannt Baosheng.

Die Entwicklung des Warenaustauschs auf der Seidenstraße seit den chinesischen Eroberungen in Zentralasien unter der Han-Dynastie verändert sich durch das Kommen und Gehen diplomatischer Gesandtschaften, die durchaus missionarische Motive haben können. Der Buddhismus, der im 5. Jahrhundert v. Chr. aufkommt, verbreitet sich über dieselben Kanäle, über die auch der Handel abgewickelt wird. Anfangs ist der Buddhismus nur ein Weg, zur Heiligkeit zu gelangen, der ausschließlich den Asketen vorbehalten ist. Doch im Lauf der Zeit wird er zu einer allgemeinen Heilsreligion auch für Laien.

Darstellungen des Buddha Sakyamuni gibt es erst etwa seit unserer Zeitrechnung, sei es im hellenisierenden Stil der Gandhara-Schule (hier auf dem Bild) oder im rein indischen Stil der Schule von Mathura.

Der Buddhismus gelangt nach China – Legende und Wirklichkeit.

Die Legende erzählt, daß der Buddhismus im 1. Jahrhundert n. Chr. aufgrund eines Traums des Herrschers Ming (58 – 75 n. Chr.) aus der Han-Dynastie nach China gelangt sei. Der Herrscher soll im Traum einen Gott gesehen haben, dessen Körper goldfarben war und der in sein Gemach flog. Ming befragte daraufhin seine Beamten, die ihm antworteten, daß es in Indien einen Mann namens Buddha gebe, von dem man sage, er besitze die Fähigkeit zu fliegen. Ming schickte daher, so die Überlieferung, eine Abordnung los, die Erkundigungen über die Lehre Buddhas einholen sollte. Als die Gesandten zurückkehrten, brachten sie Bücher, Statuen und auch Mönche mit. Nach anderen, recht späten Quellen wurde die Sutra, die indische Überlieferung der Worte Buddhas, von einem weißen Pferd überbracht.

Wenn auch die ersten Spuren des Buddhismus in China tatsächlich aus der Zeit des Herrschers Ming stammen, so sieht die Realität doch ganz anders aus. Der Buddhismus gründet sich auf Prinzipien und Riten, die denen des Taoismus und des Konfuzianismus sehr fremd sind. So muß sich die Religion, um Anklang zu finden, in einem günstigen Licht präsentieren. Vermutlich aus diesem Grund wird im Buddhismus zunächst ein Vokabular verwendet, das vom Taoismus geprägt ist. Und man greift Themen auf, die für Taoisten annehmbar sind: Die ersten ins Chinesische übersetzten Texte sind bezeichnenderweise Abhandlungen über Moral und Meditation. Nur langsam kristallisiert sich der Buddhismus aus diesem anfänglichen Gemisch heraus. Im 1. Jahrhundert n. Chr. opfert man gleichermaßen Buddha und Huang-Lao, dem Gelben Alten. Huang-Lao ist eine taoistische Gottheit, die aus einer Verbindung des vergöttlichten Philosophen Lao Zi mit dem Gelben Herrscher, dem Patron der Magier, hervorgeht. Gerade durch eine Verbindung der beiden Kulte kann der Buddhismus nach China eindringen. Die Existenz religiöser Gemeinschaften und einer ausgeprägten Opferpraxis an die beiden Götter im Reich von Chu im Jahr 65 n. Chr. bezeugt dies.

Die taoistischen Kreise reagieren auf die Einführung des Buddhismus mit der Vorstellung, daß Lao Zi selbst aufgebrochen sei, um in den westlichen Gebieten zu predigen und die Barbaren zu bekehren. Einige behaupten sogar, daß er Buddha geworden sei und der Buddhismus somit die Lehre Lao Zis sei.

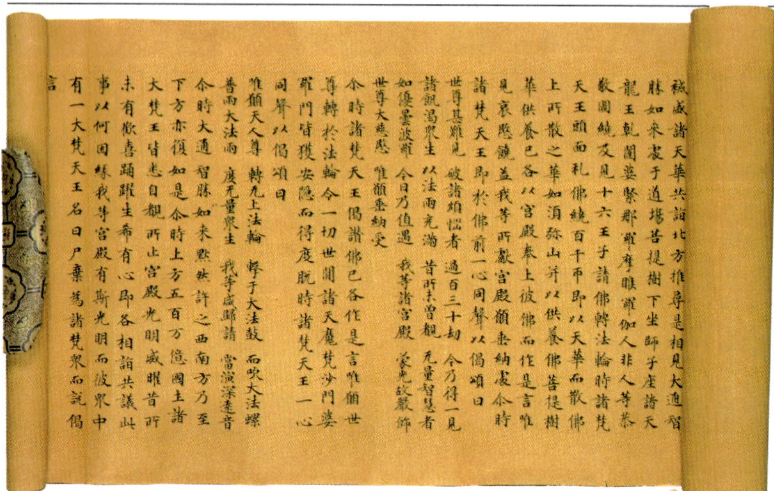
裓盛諸天華共詣北方推尋是相見大通智
勝如來處于道場菩提樹下坐師子座諸天
龍王乾闥婆緊那羅摩睺羅伽人非人等恭
敬圍繞及見十六王子請佛轉法輪時諸梵
天王頭面禮佛繞百千帀即以天華而散佛
上所散之華如須彌山并以供養佛菩提樹
華供養已各以宮殿奉上彼佛而作是言唯
見哀愍饒益我等所獻宮殿願垂納處爾時
諸梵天王即於佛前一心同聲以偈頌曰
世尊甚難見　破諸煩惱者　過百三十劫　今乃得一見
諸飢渴衆生　以法雨充滿　昔所未曾覩　無量智慧者
如優曇波羅　今日乃值遇　我等諸宮殿　蒙光故嚴飾
世尊大慈愍　唯願垂納受
爾時諸梵天王偈讚佛已各作是言唯願世
尊轉於法輪令一切世間諸天魔梵沙門婆
羅門皆獲安隱而得度脫時諸梵天王一心
同聲以偈頌曰
唯願天人尊　轉無上法輪　擊于大法鼓　而吹大法螺
普雨大法雨　度無量衆生　我等咸歸請　當演深遠音
爾時大通智勝如來默然許之西南方乃至
下方亦復如是爾時上方五百萬億國土諸
大梵王皆悉自覩所止宮殿光明威曜昔所
未有歡喜踊躍生希有心即各相詣共議此
事以何因緣我等宮殿有斯光明而彼衆中
有一大梵天王名曰尸棄為諸梵衆而說偈
言

Die ersten Buddhisten in China sind Kaufleute.

Dieselbe Legende, die vom „Import“ des Buddhismus aus Indien berichtet, erzählt auch, daß die Gesandtschaft Kaiser Mings aus Indien oder Serindien (dem heutigen Turkestan) nicht nur buddhistische Werke mitgebracht habe, sondern auch die ersten Übersetzungen von Sanskrit-Texten. In Wirklichkeit findet der Buddhismus jedoch wahrscheinlich zuerst unter den Fremden, die sich in China niedergelassen haben, Anhänger: unter Kaufleuten, Gesandten, Geiseln und Flüchtlingen – oder bei den Chinesen, die einmal in Serindien waren.

Einer dieser Kaufleute ist der Parther An Chuan. Sein Name An ist die Abkürzung von Anxi (d. h. Arsak), der Bezeichnung für das arsakidische Partherreich. Er gelangt 181 nach Luoyang, der Hauptstadt im Osten, und beginnt, unter dem Einfluß seines Landsmanns An Shigao, buddhistische Texte zu übersetzen.

Die ersten Übersetzungen sind Werke mehr oder weniger jungen Datums von Einwanderern *tocharischen*, indischen oder *sogdischen* Ursprungs. Von den frühen Reisen zwischen China, Serindien und Indien gibt es keine Zeugnisse. Doch das Interesse für den Buddhismus, der sich in China verbreitet, weckt einen Wissensdurst, der allein durch die Abschriften und die ersten Übersetzungen nicht gestillt wird.

Buddhistische Schriften auf Palmblättern, die nach China gelangen, sind auf Rollen gelben Papiers geschrieben. Sie werden zu jeweils zehn Stück in Umschlägen zusammengefaßt.

Die chinesischen Pilger reisen nach Indien und treffen in den Oasen auf die Handelskarawanen.

Am Anfang der großen Pilgerbewegung nach Indien, die bis ins 9. Jahrhundert dauert, steht der Wunsch, auf Originaltexte zurückzugreifen. Es gibt verschiedene Routen nach Indien, die entweder durch Zentralasien, oder, seltener, durch Südchina und die heutige Provinz Szechuan verlaufen. Die Rückkehr aus Indien erfolgt bisweilen übers Meer.

Der erste der Pilger, von dem ein vollständiger Bericht überliefert ist, heißt Faxian. Im Alter von ungefähr 60 Jahren beschließt er, sich nach Indien aufzumachen, um dort Texte zu suchen, die von den Regeln mönchischen Lebens handeln. Im Jahr 399 bricht er mit vier weiteren Mönchen über die Oasen-Route auf, auf der oft auch die Händlerkarawanen unterwegs sind. Nachdem er ca. zwölf Jahre in

Im Gegensatz zu den Pilgern, die – mit Geleitschreiben ausgestattet – oft in kleinen Gruppen reisen, sind die Kaufleute in organisierten Karawanen unterwegs, die aus mehreren hundert Menschen bestanden. Diese Darstellung einer Rast von arabischen Reisenden stammt aus der „Cosmographie Universelle" von André Thévet aus dem 16. Jahrhundert.

Indien unterwegs gewesen ist, schifft er sich auf einem Handelsschiff nach Ceylon, dann weiter nach China ein. Faxian wird später von den anderen Pilgermönchen als Vorreiter gesehen, der den Weg nach Indien geöffnet haben soll. Obwohl sein Bericht recht trocken geschrieben ist, wird er vielfach benutzt, zitiert und gelesen.

Die Pilger führen Reisealtäre wie diesen mit sich, der aus bemaltem Holz ist. In seinem Inneren befindet sich der Bodhisattva Avalokitesvara (er entspricht im Chinesischen Guanyin) mit seinen Attributen; auf der rechten Seite Buddha Sakyamuni, in Meditationshaltung auf einem Lotosthron sitzend.

Xuanzang, das Vorbild der Pilger, zeigt sich ungehorsam gegen den Herrscher und reist heimlich ab.

Nachdem die Pilgerreisen im 6. Jahrhundert etwas nachgelassen haben, nimmt die Bewegung unter der Dynastie der Tang wieder zu. Vor allem Xuanzang, das Vorbild der Pilger, ist hier zu nennen. Im Gegensatz zu Faxian, der nicht sehr gebildet war, tritt Xuanzang mit zwölf Jahren ins Kloster ein und widmet sich dort gründlich dem Studium der buddhistischen Lehre und macht sich vor allem mit der scholastischen Philosophie vertraut. Xuanzang reist nach Indien, um Texte zu überprüfen, die Anlaß zu unterschiedlichen Interpretationen geben. Zusammen mit anderen Mönchen erbittet er eine offizielle Erlaubnis, um eine Reise unternehmen zu können. Sie wird ihm jedoch verwehrt. China hat damals für einige Zeit seine diplomatischen Verbindungen zu den westlichen Königreichen Zentralasiens abgebrochen. So entschließt sich Xuanzang, allein und im geheimen abzureisen. Das berichten zumindest sowohl seine Biographie, die kurz nach seinem Tod verfaßt wird, als auch der „Da Tang Xiyu Ji“ oder „Denkwürdigkeiten über die Regionen westlich der Grenze der Großen Tang“, ein von seinem Schüler Bianji auf der Grundlage von Informationen, die er von Xuanzang selbst erhalten hat, verfaßtes Werk.

Xuanzang bereist Indien zehn Jahre lang.

Der Meister des Gesetzes bricht im Jahr 629 auf. Während seiner ganzen Reise macht er Notizen über verschiedene Zeugnisse des Buddhismus, über Stupa, Statuen, Reliquien und andere heilige Gegenstände. Er besucht die heiligen Stätten sowie die Reliquien Buddhas und belebt die Legenden um Buddhas Leben neu. In Gandhara liegen zahlreiche Klöster in Ruinen, die Anhänger des Buddhismus sind dort selten geworden. In Shravasti (Sahet Mahet), wo Buddha predigte, in Kapilavastu, wo er geboren ist, in Kushanagara, wo er starb und ins Nirwana eintrat, sind nichts als Ruinen erhalten. In Varanasi (Benares) gibt es zu Xuanzangs Zeit dreimal so viele Hindus wie Buddhisten.

Die Hindus bezeichnet Xuanzang als Ketzer. Von Gaya (Bodh-Gaya) erstellt er eine präzise und detaillierte Beschreibung einzelner Stellen, insbesondere vom Baum des Erwachens, an dem Buddha erleuchtet wurde. Xuanzang bleibt dann 15 Monate in Nalanda, einem großen Studienzentrum seiner Zeit, dessen Ruf Studenten von weit her anzieht.

Im Anschluß daran begibt er sich nach Bengalen und Assam, von wo eine Straße abgeht, die über Szechuan aus China kommt.

„Er fuhr mit seinen Huldigungen fort, und nachdem er 200 weitere Ehrenbezeugungen vorgenommen hatte, wurde die ganze Grotte plötzlich von Licht überflutet, und der Schatten von Rulai zeichnete sich majestätisch auf der Wand ab, so wie wenn die Wolken sich öffnen und auf einen Blick das wunderbare Bild des Goldberges freigeben.“
Biographie des Xuanzang

Diese Straße stellt zwar den direktesten Weg nach Indien dar, gilt aber auch als gefährlich. Xuanzang kommt ohne Zwischenfälle durch und reist weiter Richtung Süden, erreicht Drawida, versucht, sich nach Ceylon einzuschiffen, nimmt aber aufgrund des herrschenden Kriegs doch davon Abstand. Anschließend reist er Richtung Westen, besucht Ajanta und begibt sich wieder nach Norden bis nach Barukaccha (dem heutigen Broach), dem alten Hafen von Barygaza, einstmals die Basis für den griechisch-indischen Handel.

Von Barukaccha aus tritt Xuanzang den Rückweg an. Er reist wieder nach Norden, setzt über den Indus und verliert dabei 50 Manuskripte. Dann überquert er den Hindukusch, kommt nach Gilgit und erreicht Taschkurgan. Dieser Ort entspricht wahrscheinlich der Stelle, wo der antike Steinturm stand, der im 2. Jahrhundert in der „Geographie" des Ptolemaios erwähnt wird. Dort scheint sich der Handel zwischen den Karawanen aus China und denen aus dem Okzident im wesentlichen abgespielt zu haben.

Bei seiner Rückkehr nach China wird Xuanzang mit großen Ehren empfangen. Den Rest seines Lebens verbringt er mit der Übersetzung von 657 buddhistischen Werken.

Xuanzang gibt eine kurze Beschreibung der Grotten von Ajanta in der Nähe von Aurangabad: „An der östlichen Grenze des Reiches liegt ein großes Gebirge mit vielen Gipfeln, von denen einer über den anderen aufragt, Felsketten, zweifach abgestufte Berggipfel und schroffe Bergkämme. Einstmals gab es ein Kloster, das in ein undurchdringliches Tal gebaut worden war. Seine erhabenen Gebäude und seine weitläufigen Räume lagen in großen Felsöffnungen und schmiegten sich an die Gipfel. Die Anbauten und die zweigeschossigen Türme waren an Höhlen gebaut worden und blickten auf das Tal hin." Einige der Grotten sind mit Wandmalereien geschmückt, die eine Vielzahl von Buddhafiguren zeigen.

Yijing wählt die Seeroute nach Süden und heuert auf einem persischen Schiff an.

Ein anderer großer Pilger, Yijing (635 – 713 n. Chr.), leistet ein Gelübde, nach Indien zu gehen. Etwa 20 Jahre danach, 671, heuert er, angeregt durch den Bericht Xuanzangs, in Kanton auf einem persischen Schiff an. Die Seeroute ist nicht neu. Bereits Faxian war ja über diesen Weg aus Indien zurückgekehrt. Doch wird die Route bis dahin selten von den buddhistischen Pilgern benutzt. In der Tat dient der Seeweg eher als Handelsroute denn als religiöse Verbindung zwischen Persien, Indien, Südostasien und China. Im 8. Jahrhundert werden die Pilgerberichte seltener. Dennoch gibt es zahlreiche Mönche, die Richtung Indien reisen. Von diesen Reisen sind uns aber keine bedeutenden Zeugnisse erhalten.

Bald enden die Reisen in Zentralasien.

Seit dem 9. Jahrhundert wird der Buddhismus in China sehr stark zurückgedrängt. Zwischen 843 und 845 wird seine Abschaffung durch Kaiser Wuzong befohlen. Die Verordnung

gilt zwar nur einige Jahre, aber die Pilgerreisen nach Indien und das Sammeln von Sanskrit-Texten nimmt ein Ende. Zu Beginn der Song-Dynastie findet trotzdem eine offizielle Pilgerfahrt statt, an der mehr als 150 Mönche teilnehmen. In dieser Epoche ist allgemein die Verbindung zwischen China und Zentralasien schwächer geworden. China befindet sich in einer Periode des Rückzugs: Im Süden wird Vietnam gegründet, die im Norden und Osten angrenzenden mächtigen Reiche werden zur Bedrohung.

Die Wege des Buddhismus werden unterbrochen, doch der Einfluß der Religion auf die chinesische Denkweise bleibt trotzdem erhalten, und noch die konfuzianische Reaktion, die sich im 11. und 12. Jahrhundert entwickelt, ist davon geprägt.

Zoroastrismus und Manichäismus: Religionen aus Persien.

Die große Ächtung 843 – 845 betrifft in gleicher Weise auch die anderen Religionen fremder Herkunft, sei es der *Zoroastrismus*, der *Manichäismus* oder der *Nestorianismus*. Die Unterscheidung ist den Chinesen nicht immer klar – alle drei sind persische Lehren.

Der Zoroastrismus ist in Persien entstanden und ist dort die offizielle Religion der Sassaniden bis zur islamischen Eroberung. In Nordchina kommt er im 6. Jahrhundert auf und ist dort unter der Bezeichnung „Lehre des

Als synkretistische Religion wird der Manichäismus bei den uigurischen Türken durch die Sogder eingeführt, die einen großen Teil des Karawanenhandels sichern. Die archäologischen Funde aus Turfan in der heutigen Provinz Xinjiang haben seine Verbreitung und seine Bedeutung innerhalb der führenden Kreise türkischer Familien aufgedeckt.

Die Darstellung Christi am Kreuz gibt es in der christlichen Ikonographie nicht vor dem 6. Jahrhundert. Die Nestorianer, deren Lehre im 5. Jahrhundert verurteilt worden war, greifen diese Bildformel nicht auf, sondern benutzen weiterhin das Kreuzsymbol ohne die Kreuzigungsszene. Das Kreuzzeichen steht für sie nicht als Zeichen der Passion Christi, sondern als Zeichen seines endgültigen Triumphes. Es ist ihnen nicht begreiflich, daß man die Leiden Christi darstellt, der „durch seinen Tod den Tod besiegt hat“.

Feuergottes“ bekannt. Mehrere Tempel scheinen im 7. Jahrhundert in den Hauptstädten Chang'an und Luoyang eingerichtet worden zu sein, aber auch in Dunhuang und in anderen Oasen an der Seidenstraße. Doch der Zoroastrismus bleibt eine Religion der Fremden. Ihre Konzeption und die Praktiken, die den chinesischen Idealen zu fremd sind, verhindern eine vollständige Assimiliation.

Der Manichäismus, eine andere Religion persischen Ursprungs, dringt gegen Ende des 7. Jahrhunderts nach

China ein. Trotz des ihm immanenten Dualismus, der den chinesischen Vorstellungen sehr fremd ist, findet die Religion des Mani, die unter dem Namen „Religion des Lichts" bekannt ist, dank der Einbeziehung buddhistischer und taoistischer Elemente einen gewissen Anklang. Shakyamuni und Lao Zi werden zu den Wegbereitern Manis. Sogar ein „Katechismus der Religion des Buddha und des Lichtes" wird 731 in der Hauptstadt auf kaiserliche Order zusammengestellt. Vor allem aber wird der Manichäismus die offizielle Religion der Uiguren, einem Turkvolk aus dem chinesischen Turkestan. Aber auch diese Religion fällt unter die Proskription von 843 – 845 und hinterläßt kaum Spuren in China.

Der Nestorianismus lebt im Reich der Mitte wesentlich länger fort.

Der Nestorianismus hat eine viel stärkere Wirkung. Nach dem Konzil von Ephesos im Jahr 431, bei dem die Doktrin des Bischofs Nestorius, der die göttliche und die menschliche Natur Christi trennt, als ketzerisch verurteilt wurde, hat sich der Nestorianismus in Persien und bis nach Indien und China verbreitet. Dank der Entdeckung einer ins Jahr 781 datierten Stele im 17. Jahrhundert in der Region von Sian, nahe der alten Hauptstadt Chinas, stellte man fest, in welcher Zeit der Nestorianismus in China eingeführt wurde. Auf dieser „Stele der Propagierung der herrlichen Religion der großen Qin im Reich der Mitte" wird in chinesischer Sprache berichtet, wie ein gewisser Aluoben als Überbringer der heiligen Bücher 631 nach Chang'an

Die 1623 oder 1625 entdeckte nestorianische Stele wird im Stelenhain in Sian aufbewahrt.

Der Mythos des Königreichs des Priesters Johannes, der im 12. Jahrhundert durch einen Brief des geheimnisvollen Königs von Indien entsteht, hält sich lange Zeit. Man glaubt, Johannes sei ein christlicher König, der von den Magiern abstammen soll. Vergeblich forscht man in ganz Zentralasien nach ihm und sucht ihn schließlich sogar in Äthiopien. Nach seinem Tod soll er aus seiner Asche wiedergeboren worden sein.

kommt und von Kaiser Taizong empfangen wird, der ihm die Erlaubnis gibt, seine Lehre zu verbreiten. Texte werden ins Chinesische übersetzt, und bald werden in jeder Präfektur Klöster gegründet.

Das Königreich des Priesters Johannes.

Der Nestorianismus muß von sogdischen und türkischen Händlern übernommen worden sein. 845 jedoch trifft das Verbot fremder Religionen die Klöster. Zu diesen gehören – rechnet man die zoroastristischen Tempel dazu – über 3000 Menschen. Der Nestorianismus verbreitet sich erst später wieder bei den *Mongolen*. Als diese China im 13. Jahrhundert erobern, erfährt der Nestorianismus in Nordchina erneut einen Aufschwung. Ein Teil der Familie des *Großkhans* ist nestorianisch, so auch ein Teil der Berater und Hauslehrer. Diese christliche Enklave liegt der Legende von einem geheimnisvollen Reich des Priesters Johannes von Indien, eines christlichen Herrschers, zugrunde, der den Moslems in den Rücken fallen soll. Man verlegt sein Königreich einfach ins Reich der Mongolen, wo es auch alle mittelalterlichen Reisenden aus dem Westen suchen.

Im Gegensatz zu diesen drei Religionen setzt sich der Islam, der seit der Mitte des 8. Jahrhunderts in China einsickert, dauerhaft dort fest, auch wenn er nur Minderheiten erfaßt. Zunächst dringt er über Zentralasien vor, breitet sich aber auch über Südchina aus – dank des Seehandels, den China mit dem Mittleren Osten unterhält.

In Nordchina dringt der Islam mittels einer blitzartigen Eroberung vor. Innerhalb von weniger als einem Jahrhundert befinden sich die Araber auf den Vorposten Chinas. Die Schlacht von Talas in der Nähe von Samarkand im Jahr 751 markiert das Ende der chinesischen Expansion.

وسكني ومسكني وحولي وحالي ومآلي ومالي
تسلط علي مغيرا واجعل لي من لدنك سلطانا نصيرا اللهم احرسني بعينك وعونك
واخصصني بأمنك ومنك وتولني باختيارك وخيرك ولا تكلني إلى كلاءة غيرك
وهب لي عافية غير عافية وارزقني رفاهية غير واهية واكفني مخاوف اللأواء

DRITTES KAPITEL

DIE ZEIT DER KAUFLEUTE

„Da ich ein Kaufmann war, verkehrte ich mit Leuten meines Standes. Ich suchte im besonderen die auf, die fremd waren, sowohl, um von ihnen Neuigkeiten aus Bagdad zu erhalten, als auch, um unter ihnen jemanden zu finden, mit dem ich zurückkehren könnte. Denn die Hauptstadt des Königs Mithrage liegt am Rand des Meeres und hat einen schönen Hafen, wo jeden Tag Schiffe aus verschiedenen Orten der Welt anlegen."

Sindbad der Seefahrer,
aus „Tausendundeine Nacht"

Mehrere Szenen mit Karawanen illustrieren eine arabische Handschrift von 1237 der „Sitzungen" des al-Hariri (1054–1122). Dieser Text erzählt von dem berühmten Reisenden Abu Sayd.

Wie einst die Parther das Verbindungsglied zwischen den beiden „Enden" der Welt darstellten, haben im Mittelalter die Araber bis in die Zeit der mongolischen Invasionen das Handelsmonopol zur See inne. Löst die mongolische Expansion auch zunächst Schrecken in der westlichen Welt aus, fördert ihr großes Steppenreich die Erneuerung der Karawanenstraßen. Während die Araber im Osten stets in erster Linie Handelsinteressen verfolgen, haben die christlichen Reisenden, als sich die Angst vor den Mongolen legt und man sich wieder auf die Seidenstraße wagt, zunehmend religiöse Motive.

Eine Vielzahl von Daten über die Seeroute zwischen Persischem Golf, Indischem Ozean und Chinesischem Meer verdanken wir arabischen Geographen und den von ihnen angefertigten Reiseberichten.

Der älteste dieser Berichte, der „Bericht über China und Indien", ist eine Sammlung, die 851 auf der Grundlage mehrerer Berichte von verschiedenen Kaufleuten verfaßt wurde, zu denen auch ein gewisser Sulaiman gehört.

Die Ausbreitung des Islam und die Erweiterung des Verbindungsnetzes zwischen der Mittelmeerwelt, dem Indischen Ozean und dem Fernen Osten bieten die Möglichkeit zu einer beträchtlichen Entwicklung der islamischen Geographie seit dem 9. Jahrhundert. Die ersten Informationsquellen stammen von Kaufleuten und Seefahrern, die den Handel sichern. Die Erkundigungen, die eingezogen werden, verraten v. a. eine handelsorientierte Sehweise, die jedoch oft auch Platz für Staunenswertes läßt.

Abu Sayd aus Siraf vervollständigt das anonyme Werk durch eine Beschreibung des Persischen Golfs. Wie viele andere seiner Zeitgenossen reiste er nicht selbst in diese entfernten Gebiete, sondern bezieht seine Informationen von Reisenden. Sein Text dient später zahlreichen islamischen Geographen als Anregung. Sie zitieren ihn, schreiben ihn ab und setzen manchmal sogar einfach ihren eigenen Namen darunter.

Der Prunk am Hof von Bagdad fördert den Seehandel zwischen dem Mittleren und dem Fernen Osten.

Der Seehandel zwischen Mittlerem und Fernem Osten erhält im Jahr 762 mit der Gründung Bagdads und dem Anwachsen des *Abbasidenreichs* neue Voraussetzungen. Bagdad wird zum Machtzentrum der neuen Dynastie. Die Pracht und der Luxus, den der Hof des Kalifen entfaltet, läßt die Stadt aufblühen und zieht Händler aus Ost und West, von China bis Spanien, an.

„Er fühlte sich durch die Glut der Sonne und der erhitzten Erde so sehr belästigt, (...) daß er sich von seinem Weg abwandte, um sich unter den Bäumen zu erfrischen, die er auf dem Gelände entdeckte. Dort fand er am Fuß eines großen Nußbaums eine Quelle mit sehr klarem Wasser. Er setzte sich nah bei der Quelle nieder und nahm einige Datteln und Zwiebacke aus seinem Reisegepäck. Nachdem er sein genügsames Mahl beendet hatte, wusch er, da er ein guter Moslem war, die Hände, das Gesicht und die Füße und verrichtete sein Gebet."

Tausendundeine Nacht

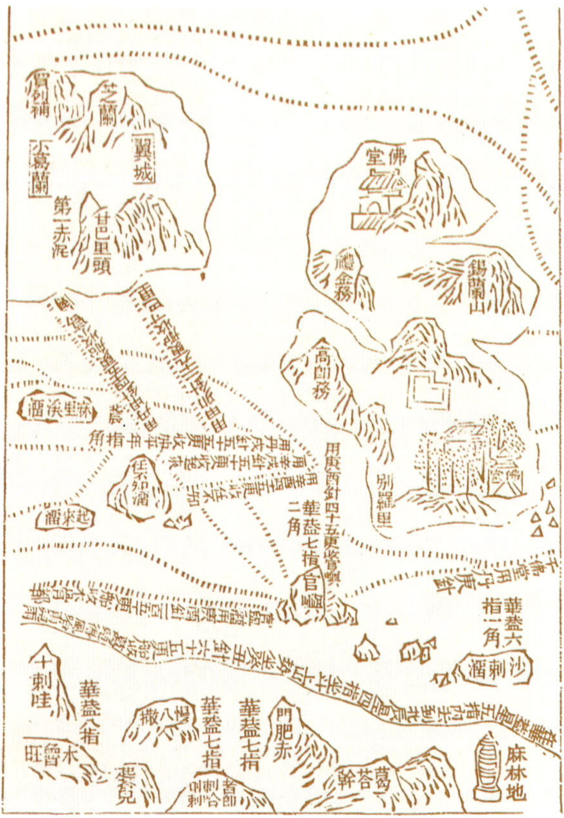

Die ältesten erhaltenen chinesischen Weltkarten stammen erst aus dem 12. Jahrhundert. Diese Karte, die wir Mao Kun (1511–1601) verdanken und die 1628 im Wubei Zhi (eine Abhandlung über Kriegsvorbereitungen) von seinem Enkel Mao Yuanyi publiziert wurde, ist ein echtes „Patchwork" aus mehreren verschiedenen Karten. Man sieht darauf oben rechts die Insel Ceylon, links oben die indische Küste, die Malediven in der Mitte und, unten, die afrikanischen Küstengebiete.

Der große chinesische Hafen, in dem die arabischen Händler zusammentreffen, ist Kanton.

In der Routenbeschreibung, die im „Bericht über China und Indien" überliefert ist, heißt es, daß die Schiffe im Persischen Golf ablegen, in den Indischen Ozean weiterfahren und die Lakkadiven und Malediven erreichen, dann nach Koulam-Malaya, d. h. Quilon im Südwesten Indiens, nach Ceylon und zu den Nikobaren und Andamanen segeln. Auf diesen Inseln, wo die Leute nackt umherlaufen sollen, so berichten die arabischen Händler wie auch schon zwei Jahrhunderte zuvor der buddhistische Pilger Yijing, werde Eisen gegen Amber oder Kokosnüsse getauscht.

Dann passieren die Schiffe die Malakkastraße, segeln entlang der Küsten von Champa nach Norden und erreichen Kanton.

Die Reise vom Persischen Golf nach China dauert acht Monate, wenn man den Monsun ausnützt. Die Rückreise kann jeweils erst angetreten werden, wenn die Waren verkauft sind und neue Fracht geladen ist. Dann muß man die Wendung des Monsuns abwarten, damit die Winde entsprechend genutzt werden können. All dies dauert länger als ein Jahr. Laut dem Kaufmann Sulaiman werden die arabischen Händler in Kanton unter der Aufsicht eines islamischen Vorgesetzten, der für seine Glaubensgenossen vor dem chinesischen Beamten verantwortlich ist, organisiert.

Die islamischen Geographen, von denen die bekanntesten zwischen dem 9. und dem 12. Jahrhundert in Bagdad leben, übersetzen die geographischen Werke der griechischen, persischen und indischen Antike. Noch im 12. Jahrhundert sind die Vorstellungen des Ptolemaios lebendig. Man findet sie auf der Weltkarte des Geographen al-Idrisi wieder, der im Maghreb geboren wurde und der Kartograph des Königs Roger II. von Sizilien ist. Auf dieser Kopie aus dem Jahr 1844 liegen die Küsten Afrikas – fast unbekannte Gebiete –, die hier ganz unten zu sehen sind, in direkter Nachbarschaft zu den chinesischen Küsten, die lediglich durch ein paar Inseln davon getrennt sind.

Auf der Stelle setzen die Zollbehörden eine strenge Reglementierung durch, und die Steuern können sich auf 30 % des Warenwerts belaufen.

Abu Sayd informiert uns über die Organisation des Handels in Kanton. Unter der Aufsicht von chinesischen Beamten werden die Waren zunächst zwischengelagert, bis alle Schiffe, die während eines Monsuns fahren, angekommen sind. Die Aufbewahrung ist teuer und kann bis zu sechs Monaten dauern. Dennoch läßt sich an der verstärkten Reglementierung des Verkehrs eine rapide Entwicklung des Seehandels ablesen. Im 11. und 12. Jahrhundert werden in Kanton, Hangzhou und Mingzhou, dann in Quanzhou (Zayton) Verwaltungsbüros für die Handelsmarine eingerichtet. Die kaiserlichen Beamten haben die Auf-

gabe, bis zu 30 % Steuern einzutreiben und das Staatsmonopol auf verschiedene Waren zu überwachen.

Die Araber sind nicht die einzigen, die Seehandel betreiben. Man weiß z. B., daß nach der Schlacht von Talas (751), die gleichzeitig der islamischen Expansion nach Osten wie auch der aktiven chinesischen Präsenz in Zentralasien ein Ende setzt, im Jahr 762 ein chinesischer Gefangener auf einer chinesischen Dschunke vom Persischen Golf in sein Land zurückgebracht wird. Außerdem erwähnt der „Bericht über China und Indien" Warentransporte zwischen Siraf und Kanton, die von chinesischen Schiffen durchgeführt werden. Allerdings können die Dschunken Basra am Nordende des Persischen Golfs wegen Untiefen und wegen ihres Tiefgangs nicht erreichen. Aufgrund ihres größeren Fassungsvermögens werden sie auch höher besteuert, wenn sie in Quilon anlegen.

Schließlich weist auch die Tatsache, daß der chinesische Geograph Jia Dan am Ende des 8. Jahrhunderts die Route von Kanton bis zum Persischen Golf beschreibt, darauf hin, daß sie den chinesischen Händlern vertraut ist.

„25 Meilen nordöstlich der Stadt Quinsai liegt das Meer und an ihm der außerordentlich schöne Hafen Gampu, der von allen aus Indien kommenden Schiffen angelaufen wird ... Viele Schiffe kommen aus Indien in diesen Hafen und bringen Ladungen von Juwelen und Perlen mit, durch deren Verkauf die Handelsleute sehr viel verdienen. (...) Die Schiffe aus Indien aber können flußaufwärts bis nach Kangiu fahren."

Marco Polo

Sein Werk setzt die Reisebeschreibung des „Berichts über China und Indien" nach Osten fort. Distanzen werden in Tagereisen berechnet. Interessanterweise entspricht die Gesamtdauer der Reise zur Meerenge von Malakka exakt der Zeit, die Yijing am Ende des 7. Jahrhunderts für die Reise angibt. Ab der Küstenregion von Malabar und Quilon ist die Routenbeschreibung ungenauer, ein sicheres Zeichen dafür, daß es nur wenige chinesische Schiffe gibt, die bis in den Persischen Golf fahren. Die Waren werden wahrscheinlich meist in Quilon gehandelt und auf andere Schiffe weiterverladen.

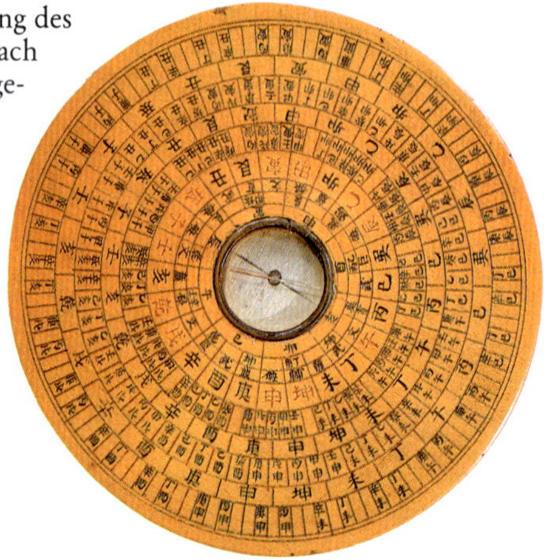

„Um ihre geographische Position zu ermitteln, richten sich die Seeleute in der Nacht nach dem Polarstern, am Tag nach der Sonne und bei schlechtem Wetter nach dem Kompaß."

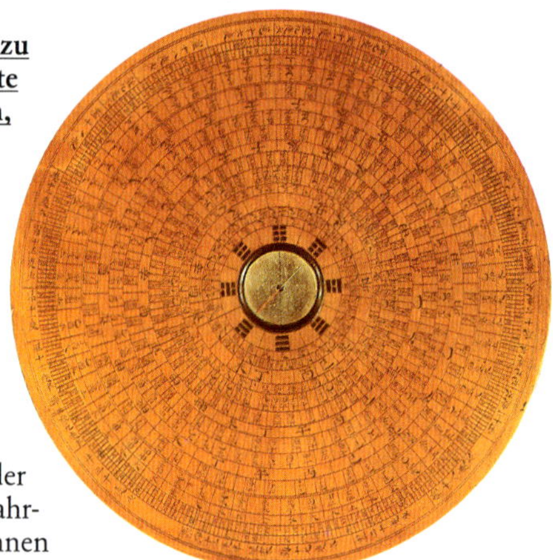

Die Fortschritte im Bereich der Navigation tragen sicher ihren Teil zur Expansion Chinas bei. Die ersten Zeugnisse über den Kompaß gehen auf die Dynastie der Han zurück und beziehen sich auf den Magnetlöffel. Er findet in der Schiffahrt aber kaum vor dem 11. Jahrhundert Verwendung. Bis dahin kennen die Seefahrer, wie Faxian berichtet, weder den Osten noch den Westen und bestimmen die Fahrtrichtung nur mit Hilfe der Sonne, des Mondes und der Sterne. Wenn der Himmel bedeckt ist, richten sie sich nur nach dem Wind und legen sich nicht auf eine bestimmte Richtung fest.

Man hat sich manchmal gefragt, ob es die Chinesen oder die Araber waren, die den Kompaß als erste verwendeten. Es gilt als erwiesen, daß die ersten schriftlichen arabischen Zeugnisse nicht vor dem 13. Jahrhundert anzusetzen sind, während mehrere chinesische Texte des 12. Jahrhun-

„Die Magier reiben die Spitze einer Nadel mit einem natürlichen Magneten. Sie kann dann den Süden anzeigen. (…) Einige dieser Nadeln weisen nach Norden, sobald man sie einmal gerieben hat."
Shen Gua (1034 – 1091)

In den chinesischen Texten von vor dem 13. Jahrhundert wird das Astrolabium nie erwähnt. Der sogenannte „Sterngreifer", ein scheibenförmiges Gerät, dient dazu, die Höhe der Gestirne über dem Horizont zu bestimmen. Eine der beiden Seiten ist in Grade eingeteilt. Auf der anderen befindet sich die Projektion einer Sphäre auf die Fläche. Mit Hilfe des „Spinne" genannten Rings kann man die Position eines Punkts am Himmel im Verhältnis zum Beobachter ermitteln.

derts zeigen, daß der Gebrauch des Kompasses bei den chinesischen Seefahrern in dieser Zeit bereits geläufig war.

In China, wo der Kompaß als „Nadel, die den Süden anzeigt" bezeichnet wird, besteht er damals aus einer einfachen Wasserschüssel, in der eine Magnetnadel schwimmt.

„Außer gutem Sappanholz wächst hier sehr viel Pfeffer, sowohl in den waldigen als auch in den offenen Gebieten des Landes. Man sammelt ihn während der Monate Mai, Juni, Juli, und die Bäume, die ihn liefern, werden in Plantagen gezogen."
Marco Polo

Der „Zhufan Ji" oder die Verzeichnisse eines Beamten bei der Handelsmarine in Quanzhou.

Eine außerordentliche Dokumentation der Handelsaktivitäten ist uns aus dem 12. Jahrhundert in der „Beschreibung der Barbarenvölker", dem „Zhufan Ji" erhalten. Der Autor dieses Werks ist Zhao Rukua, ein Beamter bei der Handelsmarine in Quanzhou. Er listet die Regionen auf, mit denen China in der Song-Zeit in Verbindung steht. Dazu gehören Indonesien, Malaysia, Indien, die Philippinen, Korea, Japan, das Küstengebiet von Oman, aber auch weiter entfernte Regionen wie Ägypten, die Küste Somalias und sogar Sansibar. Außerdem erscheinen darin aromatische Hölzer und Harze, die für Weihrauch und Medikamente, für Drogen und Parfums verwendet werden. Aloe aus Kambodscha, aus Annam oder Palembang, Sandelholz aus Java, Weihrauch aus Oman und Dhofar. Es werden auch Riechstoffe und Gewürze importiert: indischer Pfeffer, Gewürznelken von den Molukken oder Kardamom aus Kambodscha.

Andere Produkte dienen dem Handwerk, wie Hörner der Rhinozerosse aus Südostasien sowie Elfenbein von indischen und sogar afrikanischen Elefanten. Baumwolle wird in China erst seit dem 13. Jahrhundert angebaut. Vorher wird sie aus Südostasien, der Malaiischen Halbinseln, Indien und gleichfalls aus Persien importiert.

Anfänglich ist vor allem Seide ein wichtiger Exportartikel Chinas, aber auch die Keramikproduktion befindet sich schon in vollem Aufschwung. Durch seine Transparenz versetzt das Porzellan schon im 9. Jahrhundert die arabischen Reisenden in Kanton in Staunen: „Sie haben Tonware von exzellenter Qualität. Darunter gibt es auch Schalen, die so fein wie Glasflakons sind: Man sieht durch ihre Wand den Glanz des Wassers, obwohl sie aus Ton sind.“ (Bericht über Indien und China)

„Von den umgesetzten Mengen an Fleisch, Wein, Gewürzen und ähnlichen Dingen kann man sich einen Begriff machen, wenn man weiß, daß sich der tägliche Bedarf an Pfeffer auf 43 Lasten beläuft, jede Last zu 243 Pfund.“
Marco Polo

Die Kreuzzüge und die Erneuerung der Karawanenstraßen.

Während der Verkehr zur See zwischen dem Mittleren Osten und China beständig zunimmt, erfährt die Entwicklung der Karawanenrouten bis zu dieser Zeit keinen großen Aufschwung. Erst die Kreuzzüge werden zu einem der Antriebselemente für die Neubelebung dieser Strecken. Sie begünstigen insbesondere die italienischen, venezianischen oder genuesischen Kaufleute. Diese Handelsstädte eröffnen Kontore in den verschiedenen Mittelmeerhäfen, auf Korfu, in Saloniki, in Negrepont. Die Einnahme Konstantinopels durch die Kreuzritter 1204 begünstigt zudem, daß die Venezianer im Osten Fuß fassen können. Für fast 60 Jahre wird die Lagunenstadt zur Herrin des Hellespont. Es scheint, daß auch die Familie Polo dort ein Handelshaus besitzt.

Die Kreuzzüge bieten für die Bewohner des Abendlands die Möglichkeit zur Entdeckung der Welt. Sie führen zu neuen Strömungen im Mittelmeerhandel. Dank der Ansiedlung von Christen in den Niederlassungen im Orient wird es den Kaufleuten aus dem Okzident möglich, bis nach Indien und China vorzudringen. Hier auf dem Bild sehen wir Ludwig den Heiligen, der sich im Jahr 1248 in Aigues-Mortes zum siebten Kreuzzug einschifft.

Kampfer, Zucker, Zimt

Kampfer, in der Parfum- und Arzneimittelherstellung verwendet, kommt aus China und Südostasien. Die Kampfersträucher werden kleingehackt, der Kampfer destilliert, dann kristallisiert und in Klumpen oder Platten verkauft.

Laut Marco Polo gibt es in der Gegend von Quinsai Zucker im Überfluß. Die Mongolen führen neue Raffinerietechniken in China ein, die den früheren aus Indien bekannten Techniken überlegen sind: „Bevor Unguen unter die Herrschaft des Großkhans kam, kannten die Einwohner die Kunst, feinen Zucker zu bereiten, noch nicht. Sie kochten ihn so unvollkommen, daß er, wenn er sich abgekühlt hatte, ein dunkler Teig blieb.“

Chinesischer Zimt ist ebenso wie Zucker schon dem griechischen Arzt Galen im 2. Jahrhundert n. Chr. bekannt. Zuerst findet Zimt in der ärztlichen Behandlung Verwendung und wird bald als Gewürz benutzt.

Weihrauch, Muskatnuß

„In diesem Gebiet (an den Küsten Arabiens) werden große Mengen Weihrauch gewonnen, der Tropfen für Tropfen aus einem tannenähnlichen kleinen Baum quillt und besonders gut ist. Dieser Baum wird in bestimmten Abständen angezapft, und aus seiner Wunde träufelt dann der Weihrauch, der später hart wird."

Marco Polo

„Der Baum, an dem die Muskatnüsse wachsen, hat dieselbe Form wie ein Pfirsichbaum oder ein Birnbaum, nur daß er etwas schlanker ist. Er hat runde Blätter. Die Frucht hat die Form eines großen runden Pfirsichs. In ihrer Mitte befindet sich die Nuß. Die harte Schale umgibt die Nuß aber nicht direkt, sondern ist ihrerseits von einer Hülle bzw. einer aromatischen Blume umgeben, die Macis genannt wird."

Jan Huygen van Linschoten, Die Seefahrt und der Weg ins östliche Indien (1596)

Die ersten Fernhandelskaufleute im Mittelalter.

Anscheinend zwei Gründe bewegen die Kaufleute dazu, neue Absatzmärkte im Fernen Osten zu suchen. An erster Stelle steht die Verteuerung kostbarer Waren wie von Gewürzen und chinesischer Seide. Die Preise sind besonders auf die Zölle, die in der Zeit, als die Moslems den Verkehr im Nahen und Mittleren Osten kontrollieren, zurückzuführen. Es existiert ein Handelsungleichgewicht zwischen den teuren Import- und den eher billigen europäischen Exportartikeln, im wesentlichen Wolle und Leinen. Aufgrund der Risiken, die mit den Reisen verbunden sind, schließen sich die Kaufleute zusammen und verteilen ihr Kapital auf verschiedene Unternehmungen. So z. B. in Venedig in der sogenannten „colleganza“: Ein Kapitalgeber, der den wesentlichen Teil des Geldes investiert und vor Ort bleibt, schließt sich mit einem Kaufmann zusammen, der den Rest des Kapitals beisteuert und den Transport durchführt. Nach der Rückkehr werden die Gewinne hälftig geteilt.

„Gewürze sind des Handels wichtigste Warengattung und bleiben es stets. Gewürze bereichern Venedig und die übrigen großen Häfen des westlichen Mittelmeers.“
H. Pirenne, Sozial- und Wirtschaftsgeschichte Europas im Mittelalter (1946)

Der zweite Grund liegt in der Entstehung einer relativ stabilen Pax Mongolica, eines „mongolischen Friedens“, der

den Verkehr durch die Steppen erlaubt. Tatsächlich gelang es Dschingis-Khan und nach ihm seinem Sohn Ögedei, die mongolischen Stämme zu einen. Sie besetzten Turkestan, Armenien und Afghanistan und fielen anschließend in den Ebenen Ungarns ein, wo sie Angst und Schrecken unter den Bewohnern des Abendlands verbreiteten. Aber als sie auch den islamischen Orient angreifen, weicht die Angst in Europa dem Interesse: Wäre nicht eine Allianz gegen die Moslems möglich? Im Osten dehnen die Mongolen später unter Kubilai Khan ihr Reich bis nach Südchina aus, das sie im Jahr 1279 vollständig erobert haben.

In dieser Zeit reisen zwei venezianische Kaufleute, Maffeo Polo und sein Bruder Nicolò, nach Osten.

Nachdem die beiden Brüder 1260 „mit einer reichen Schiffsladung" Venedig verlassen haben, begeben sie sich

„Sie führten mich entlang der Hauptstraße, die sie ‚Großer Kanal' nennen und die sehr breit ist. Die kleinen Galeassen kreuzen ihn, und ich habe Schiffe von über 400 t Gewicht gesehen, die ganz dicht an den Häusern waren. Und ich glaube, daß es die schönste Straße sein muß, die es auf der ganzen Welt gibt. (…) Die Häuser sind sehr groß und hoch gebaut, die alten aus gutem Stein, und alle angemalt."

Philippe de Commynes (1445–1509)

nach Konstantinopel. Dort, scheint es, verkaufen sie ihre Ladung, „kauften (...) viele schöne und kostbare Edelsteine ein" und schiffen sich nach Soldaia, einem venezianischen Kontor auf der Krim, ein, „um ihr Handelskapital zu vermehren". In Soldaia werden die Waren, die aus der Türkei und aus Rußland stammen, eingetauscht. Die Gründe für die Weiterreise der Brüder Polo sind jedoch unklar. Offensichtlich sind sie von ihrem Aufenthalt in Soldaia enttäuscht und beschließen weiterzufahren. Wohin? Weshalb? Marco Polo gibt in seiner „Beschreibung der Welt" keine Antwort auf diese Fragen, ebensowenig wie auf die nach den Reisebedingungen. Man weiß nur, daß sie zu Pferd abreisen, vermutlich in einer kleinen Gruppe, nicht mit einer Karawane. Als sie an der Wolga ankommen, erbitten sie mit Geschenken den Schutz Berkes. Im Gegenzug erhalten sie mindestens doppelt so viele Güter, die sie später mit Gewinn verkaufen.

Nach einiger Zeit beschließen Maffeo und Nicolò, mit einer Warenladung nach Konstantinopel zurückzukehren. Doch der Weg dorthin ist versperrt, da Krieg zwischen den Mongolen und den Moslems herrscht. So suchen die beiden Brüder eine andere Route. Erstaunlicherweise reisen sie in entgegengesetzter Richtung ab, geradewegs nach Osten, und gelangen so nach Buchara. Doch auch dort werden sie durch Kämpfe zwischen verschiedenen Tataren-

Außer Gewürzen importieren die italienischen Kaufleute Seidenstoffe, aber auch Baumwolle, die in Venedig mit ihrem griechischen Namen „bombacinus" und in Genua mit dem arabischen Namen „coton" bezeichnet wird. Verschiedene orientalische Stoffe gelangen ins Abendland: Damast aus Damaskus, Musselin aus Mossul, Baldachine aus Bagdad und Gazestoffe aus Gaza. Die Schiffe bringen auch Farbstoffe wie Koschenille aus Indien sowie Ätzmittel, wie z. B. Alaun, mit.

stämmen drei Jahre lang festgehalten. Als die Kämpfe abgeflaut sind, werden die Kaufleute von Gesandten des Großkhans Kubilai, des Herrschers aller *Tataren*, nach Karakorum, zur Residenz des Großkhans, mitgenommen.

Sie berichten Kubilai Khan von ihrer Heimat – und vom Christentum. Auf ihre Rückreise gibt ihnen der Großkhan u. a. eine Botschaft an den Papst mit, in der er diesen darum bittet, ihm 100 gelehrte Männer zu schicken, die ihm die christliche Lehre erläutern sollen. Nicolò und Maffeo Polo gelangen nach Ayas am Golf von Alexandrette (Iskenderun) und schiffen sich nach Akkon ein. Dort kommen sie im April 1269 an. Dies ist das einzige sichere uns bekannte Datum auf der etwa drei Jahre dauernden Reise ab Karakorum. Bei ihrer Rückkehr erfahren die Brüder, daß der Papst gestorben ist. Die Polos kehren zunächst nach Venedig zurück, wo sie die Papstwahl abwarten wollen. Nicolò sieht dort seinen 15jährigen Sohn Marco wieder.

„Ferner sagte er den beiden Venezianern, welche Freude es ihm bereiten würde, wenn sie ihm bei ihrer Rückkehr etwas von dem heiligen Öl aus der Lampe mitbringen wollten, die ewig über dem Grab unseres Herrn Jesus Christus brennt.“

Marco Polo

Et des diverses regions du monde

VIERTES KAPITEL

MARCO POLO

„Man muß nämlich wissen, daß seit der Erschaffung Adams bis auf den heutigen Tag kein Mensch, mag er nun Heide, Sarazene oder Christ sein oder sonst einem Völkerstamm oder Geschlecht angehören, jemals so viele und so gewaltige Dinge gesehen hat wie der erwähnte Marco Polo."

Rusticello von Pisa, 1298

Es gibt zahlreiche verschiedene Darstellungen der legendären Figur Marco Polo. So wie man ihn hier auf dem Bild sieht, in Tatarenkleidung, mit Bogen und Säbel gerüstet, hat er nichts von einem Kaufmann an sich.

Nicolò und Maffeo Polo bereiten sich darauf vor, zum Großkhan zurückzukehren. Dieses Mal nehmen sie den jungen Marco Polo mit sich. Diese Reise bildet die Grundlage für Marco Polos berühmtes Buch „Die Beschreibung der Welt“, das manchmal auch „Buch der Wunder“ genannt wird.

Nach zwei Jahren des Wartens in Venedig ist der neue Papst immer noch nicht gewählt, und die Brüder beschließen, sich auf die Reise zu machen. Sie schiffen sich nach Akkon ein und begeben sich dann nach Jerusalem. Dort erhalten sie „ein wenig Öl aus der Lampe vom Grab Christi“, um das Kubilai Khan sie „wegen seiner Mutter, die Christin ist“, gebeten hat. Außerdem führen sie Briefe und Privilegien des päpstlichen Legaten mit sich, in denen die Gründe dargelegt werden, warum sie ihren Auftrag nicht ausführen konnten. Als sie in Ayas ankommen, erfahren sie, daß der päpstliche Legat gerade zum Papst gewählt worden ist und unter dem Namen Gregor X. den Thron besteigen wird.

Vor der Rückkehr an den Hof Kubilai Khans erhalten die Polos den Segen des Papstes.

So kehren sie nach Akkon zurück, wo sie von Gregor Instruktionen für die Reise erhalten. Allerdings gibt der Papst ihnen nicht die geforderten 100 Gelehrten mit, sondern lediglich zwei Dominikanerbrüder. Als die kleine Gruppe in Ayas ankommt, erfährt sie, daß die Sarazenen Armenien verheeren. Die beiden Mönche werden von der Nachricht in solche Angst versetzt, daß sie nach Akkon umkehren.

„Nicolò, Maffeo und Marco Polo aber zogen unerschrocken den Gefahren und Hindernissen entgegen (...), überschritten die armenische Grenze und setzten ihre Reise fort."

Die Hinreise beschreibt Marco Polo in wenigen Zeilen: „Nachdem sie mehrere Tagereisen durch Wüsten gezogen waren und manchen gefährlichen Ort berührt hatten, gelangten sie in Richtung Nordost und Nord so weit, daß sie endlich Nachrichten über den Großkhan erhielten, der damals seine Residenz in der neuen und prächtigen Stadt Schangtu hatte."

Hinter diesem lapidaren Kommentar stehen dreieinhalb Jahre mühevoller Reise. Die Wege, die die drei Kaufleute beschreiten, sind nicht genau bekannt, weder der Hin- noch der Rückweg, denn Marco Polo beschreibt sowohl die Orte, die er selbst sieht, als auch solche, von denen er nur hat erzählen hören. Die Reise erfolgt ausschließlich zu Land.

Aus dem „Katalanischen Atlas" stammt diese Darstellung einer Seidenkarawane. Der Atlas wurde 1375 unter Berücksichtigung des Berichts Marco Polos erstellt. Er spiegelt die Vorstellung einer von phantastischen Wesen bevölkerten Erde wider, wie sie im Mittelalter weithin geläufig ist.

Soweit man ihren Weg anhand der Regionen, die Marco Polo erwähnt, rekonstruieren kann, steht fest, daß er mit seinem Vater und seinem Onkel Armenien und die tatarischen Gebiete in der Levante durchquert hat. Ob sie bis nach Curmos (Hormus) gekommen sind oder nicht, beibt ungeklärt. Gesichert ist dagegen ihr Aufenthalt in der Gegend der „Trockenen Bäume" südöstlich des Kaspischen Meers und in Balkh. Über das Pamirgebirge gelangen sie dann nach Kaschgar und folgen der Route im Süden des Takla Makan, über Yarkand, Khotan, erreichen das Gebiet von Dunhuang (damals Shazhou, das Marco Polo Saciu nennt) und schließlich das südliche China.

„Als die Reisenden dem Großkhan vorgestellt wurden, empfing dieser sie mit Huld (...). Der Großkhan ließ sich freundlich auf ein Gespräch mit ihnen ein und erkundigte

Als Marco Polo nach Cathay abreist, wählt er einen anderen Weg als den, dem sein Vater und sein Onkel bei ihrer ersten Reise gefolgt waren. Durch die Rückkehr 15 Jahre später wird Marco Polo zum ersten großen westlichen Reisenden, der den Seeweg befahren hat.

„Als sie sich dem Kaiser näherten, bezeigten sie ihm ihre Ehrerbietung, indem sie sich schon an der Tür vor ihm niederwarfen. Kublai Khan befahl ihnen sogleich, sich zu erheben (...), vor allem aber von der Unterredung mit Seiner Heiligkeit dem Papst zu berichten. (...) Der Kaiser hörte ihnen mit besonderer Aufmerksamkeit zu. “

Marco Polo

sich nach den westlichen Teilen der Erde.“ Die drei Reisenden legen ihre Abenteuer und die Ergebnisse ihres Auftrags Kubilai Khan vor. Sie händigen ihm nur die Privilegien, Briefe und Geschenke des Papstes wie das Öl aus der Lampe vom Grab Christi aus. Danach erwähnt die „Beschreibung der Welt“ nichts mehr von Vater und Onkel Polo. Haben sie ihre Handelstätigkeit wieder aufgenommen?

Marco Polo schweigt darüber. Man erfährt nur, daß sie wegen ihrer Geschäfte mit Marco Polo ein Jahr in Campiciu (Ghanzou in der Provinz Gansu) geblieben sind. Ghanzou ist eines der Karawanenzentren so wie auch andere Städte in Gansu, z. B. Dunhuang oder Langzhou, wo Waren ausgetauscht werden.

„Als Kublai Khan die Fähigkeiten des jungen Venezianers erkannte, wollte er feststellen, wie er sich in Verwaltungsangelegenheiten mache."

In der „Beschreibung der Welt" erfährt man folgendes: „Als der Großkhan sah, daß Marco Polo so weise war, wollte er seine Umsicht prüfen, in der stillen Hoffnung, Marco sei fähig, das zu erreichen, was er wünschte." Marco Polo wird von Kubilai Khan mit mehreren Aufgaben betraut. Wie erstaunlich auch die Situation erscheinen mag, so ist es in der Politik der mongolischen Herrscher doch üblich, daß sie Fremde in ihre Dienste nehmen, die damit beauftragt werden, die chinesischen Beamten zu beaufsichtigen und zu überwachen. Vor allem im Süden Chinas ist das chinesische Verwaltungspersonal oft Fremden aus anderen eroberten Ländern des Nordens unterstellt, z. B. Djurcheten oder Khitai. Man trifft in den Städten Kubilai Khans auf Tibeter, Türken, Iraner, Araber, ja sogar Ungarn, Russen und Armenier, die meist verschleppt wurden. So erwähnt Marco Polo einen gewissen Come, einen russischen Goldschmied, Guillaume de Boucher aus Paris, ebenfalls ein Goldschmied, und eine Pâquette, aus Metz in Lothringen, die mit einem russischen Handwerker verheiratet ist. Marco Polos besondere Qualität ist, daß er „mehrere Sprachen und vier Schriften mit den Schriftzeichen beherrscht". Sicher kann er Persisch, Mongolisch, vielleicht auch Türkisch und Arabisch. Daß er Chinesisch beherrscht, ist dagegen unwahrscheinlich, sowenig wie die mongolischen Herrscher. Die Funktion Marco Polos ist zunächst die eines Beamten im höheren Dienst, ja sogar eines Geheimagenten. Zuerst wird er nach Caragian (Dali, in der Provinz Yünnan) geschickt, ein Königreich, das 1253 von Kubilai Khan erobert wurde. Der einheimische Herrscher

„Als er (Marco Polo) nun merkte, mit welchem Vergnügen der Großkhan seine Berichte über Sitten und Bräuche des Volkes und über die Zustände in fernen Ländern anhörte, bemühte er sich auf seinen Reisen, alles genau zu erfahren, und machte sich Anmerkungen über das, was er sah und hörte, um die Wißbegierde des Kaisers zu befriedigen."

Marco Polo

sitzt allerdings weiterhin auf dem Thron, wird jedoch von einem Verwalter überwacht.

„Ein Berg in der Nachbarschaft, dessen Gruben auch nicht ohne besondere Erlaubnis ausgebeutet werden dürfen, liefert Türkissteine."
Marco Polo

„Kurz, während der siebzehn Jahre, die Marco Polo in seinen Diensten zubrachte, zeigte er sich so nützlich, daß er zu vertraulichen Missionen in alle Teile des Landes gesandt wurde."

Marco Polo gibt nicht immer die Ziele seiner Missionen an. Der Großkhan delegiert ihn mehrmals nach Campçio, nach Quinsai (Hangzhou), um die Einziehung der Steuern

zu kontrollieren, und schließlich nach Indien. Marco erhält außerdem ein wichtiges Amt: Drei Jahre lang ist er Gouverneur der Region von Yangiu (Yangzhou).

Von seinen übrigen Aktivitäten weiß man fast nichts. Wir kennen nur die Beschreibungen der Gebiete, die er besucht. Aber bereist er sie auch alle selbst? Man trifft ihn in Cambalu (Khanbalik), in der Stadt des Khans, also in Peking, in Quengianfu (Chang'an), der alten chinesischen Hauptstadt, in Sindufu (Chengdu, in der Provinz Szechuan), in Tibet und auch in Yünnan an. Dagegen beruhen die Beschreibungen, die er von Mien (Burma), Bengalen, Tonkin und Annam gibt, vielleicht nicht auf eigenen Beobachtungen. Er beschreibt auch die heutigen Provinzen Shandong, Jiangsu und das Jangtsekiang-Tal.

Quinsai, das heutige Hangzhou, ist die letzte Hauptstadt der Song-Dynastie seit 1132. „Wegen ihrer Größe und Schönheit, ebenso wie wegen der Kurzweil, Freuden und Genüsse, die man dort findet, so daß ihre Bewohner glauben können, sie wohnten im Paradiese“, ist sie nach Marco Polo die bemerkenswerteste Stadt der Welt. Die Bevölkerungszahl der Stadt ist enorm, beträgt 1,5 Mio. Feuerstellen (hält man sich an die chinesischen Quellen, so hat die Stadt in Wirklichkeit ca. 1 Mio. Einwohner). Diese Stadt am Wasser mit ihren 12000 Brücken setzt unseren Venezianer in Erstaunen: „Die Straßen und Kanäle sind so groß, daß Schiffe und Wagen nebeneinander fahren können.“

Marco Polo berichtet in seinem Buch, daß er zu einer wichtigen Persönlichkeit avancierte, die am Hof des Großkhans bekannt ist. „Da geruhte der Großkhan, Marco unter seinen besonderen Schutz zu nehmen, und ernannte ihn zu einem seiner Ehrenbegleiter.“

Hangzhou ist seit Beginn der Song-Dynastie am Anfang des 11. Jahrhunderts dank seiner Lage an der Küste und am Ende des Großen Kanals, der die Stadt mit Nordchina verbindet, zu einem großen See- und Flußhandelszentrum geworden. Marco Polo beschreibt die Stadt mit dem Blick eines Kaufmanns: Man finde immer Lebensmittel im Überfluß auf dem Markt, Läden, in denen alle Arten von Waren, Gewürzen, Perlen, Juwelen verkauft werden.

Auch über die Vergnügungsviertel mit ihren Kurtisanen, über die Viertel, in denen die Mediziner wohnen, über die der Astrologen und die der Künstler schreibt Marco Polo. Aber als Beamter interessiert er sich auch für die Verwaltung der Stadt, die Organisation der Wachen, den Feuerschutz, das Straßensystem, die öffentliche Hygiene, die Steuern, insbesondere für die Steuern auf Salz, Zucker und die gesamten importierten und exportierten Waren, weil „für alle Dinge ein Zoll gezahlt werden muß".

„Nach allgemeiner Schätzung beträgt der Umfang der Stadt (Quinsai) etwa hundert Meilen. Ihre Straßen und Kanäle sind sehr breit. (...) Innerhalb der Stadt gibt es zehn Marktplätze – außer den unzähligen Kaufhallen in den Straßen. Diese Plätze sind quadratisch, und jede ihrer Seiten ist eine halbe Meile lang."
Marco Polo

„Diesen (Fluß) haben die Bewohner des Landes in zwei Arme geteilt, von denen der eine seinen Lauf nach Osten nimmt und durch Cathay fließt; der andere führt in westlicher Richtung in die Provinz Manji."

In seiner Beschreibung Chinas stellt Marco Polo Norden und Süden des Landes einander gegenüber. Im Norden liegt Cathay, das sich vom Namen des Königreiches der Khitai ableitet, die die Dynastie der *Liao* (960 – 1129) begründeten. Im Süden liegt

In seiner Beschreibung von Quinsai hält sich Marco Polo mehr bei den Freuden als bei den Widrigkeiten des Lebens auf. Er erwähnt dennoch, ohne sich lang darüber auszulassen, die Ärzte und sogar die Hospize, „von denen die Alten eine unendliche Zahl in allen Vierteln der Stadt bauen ließen".

die große Provinz Manji, die man auch Cin nennt und die bei der Eroberung durch die Mongolen mehr als 60 Jahre später als Peking bezeichnet wird. Diese Teilung der chinesischen Welt erinnert an die Unterscheidung zwischen Seres und Thinai im Altertum. Weder den von Norden noch den von Süden nach China kommenden Reisenden gelingt es wirklich, Klarheit darüber zu gewinnen, daß es sich um dasselbe Land handelt. Erst im frühen 17. Jahrhundert wird diese Unklarheit endgültig beseitigt.

Von Cambalu, der Winterhauptstadt des Großkhans, liefert Marco Polo uns eine eher nüchterne Beschreibung. Er erwähnt v. a. den Palast Kubilai Khans und seines Enkels und späteren Nachfolgers Temur, aber auch die Feste, die der Großkhan anlässlich seines Geburtstags und des neuen Jahrs veranstaltet. Doch er merkt an, daß die Kaufleute außerhalb der Stadt einquartiert werden: „Vor jedem Tor liegt eine Vorstadt von solcher Ausdehnung, daß die Zahl der Bewohner in den Vorstädten zusammen die der inneren Stadt sogar noch übertrifft. Hier gibt es in Abständen von etwa je einer Meile Gasthöfe und Karawansereien, in denen die auswärtigen Kaufleute Unterkunft finden, und jedem Volk ist auch ein besonderes Gebäude angewiesen."

Händler gibt es dort viele und Lebensmittel im Überfluß. „Denn nicht weniger als tausend Wagen und Packpferde, die nur mit roher Seide beladen sind, ziehen täglich in die Stadt ein, während hierselbst goldene Gewebe und Seidenstoffe aller Art in riesigen Mengen produziert werden."

„Auf jedem dieser Plätze versammeln sich an drei Tagen in der Woche vierzig- bis fünfzigtausend Personen, um alle möglichen Güter anzubieten. Da gibt es Wild aller Art, Rehböcke, Hirsche, Hasen, Kaninchen, Rebhühner, Fasane, Birkhühner, Wachteln, Haushühner, Kapaune und eine unbeschreiblich große Zahl von Enten und Gänsen."

Marco Polo

„Wie der Großkhan Papier als Geld ausgeben läßt."

Marco Polo erwähnt mehrmals, daß in verschiedenen Städten Papiergeld im Umlauf ist. Dieser Tatsache widmet er ein ganzes Kapitel. Er äußert sich anerkennend über diese „Finanz-Alchimie": Durch die Siegel des Großen Herrschers erhalten die Blätter, die aus der Rinde des Maulbeerbaums hergestellt werden, den Wert von Gold oder Silber. „All dieses Papier wird so aufwendig hergestellt, als sei es lauter echtes Silber und pures Gold. Denn auf jedes dieser Stücke schreiben mehrere Beamte, die dazu besonders angestellt sind, nicht allein ihre Namen, sondern drücken auch ihre Siegel darauf, und anschließend taucht der oberste Münzmeister das ihm anvertraute Siegel in Zinnober und stempelt damit das Papier; auf diese Weise erhält es volle Kraft als gültige Münze, und wenn jemand es nachmachen wollte, würde er als Kapitalverbrecher bestraft werden." Marco Polo betont, daß die Besitzer kostbarer Steine, von Perlen, von Gold und Silber gezwungen

„Der Kaiser legt an seinem Geburtstag ein überaus kostbares golddurchwirktes Gewand an, und bei dieser Gelegenheit werden 20 000 Fürsten, Edle und Oberhauptleute von ihm mit Gewändern bekleidet, die dem seinen in Farbe und Form ähnlich sind."

Marco Polo

werden, ihre Juwelen gegen Bankbescheinigungen auszuhändigen. Daher verfüge der Großkhan „über einen größeren Schatz als irgendein anderer Fürst dieser Welt“. Marco Polo erkennt jedoch die Bedeutung dieser aufgeprägten Stempel nicht, genausowenig wie er registriert zu haben scheint, daß Bücher mit Hilfe des Buchdrucks reproduziert werden oder, genauer gesagt, mit Hilfe der *Xylographie*, und das bereits seit mehr als 300 Jahren, während es in Europa noch zwei Jahrhunderte bis zur Erfindung des Buchdrucks dauert.

Seit dem 7. Jahrhundert ist in China der Buchdruck bekannt. Zunächst werden mit kleinen Stempeln in großer Zahl Bilder der „tausend Buddhas“ reproduziert. Dann werden Texte mit Hilfe von Platten gedruckt. Im 11. Jahrhundert erfindet Bi Sheng den Druck mit beweglichen Lettern.

„Von Cambalu aus führen viele Straßen in die verschiedenen Provinzen.“

Der zweite Punkt, der die Aufmerksamkeit Marco Polos auf sich zieht, ist die Organisation der Anschlußstellen und das Netz der Verbindungsstationen: „mehr als 10 000“. Diese ermöglichen es einerseits, Nachrichten zu befördern, andererseits dienen sie als Quartiere für Reisende, Botschafter und Beamte auf Inspektionsreise sowie für Kaufleute. Er berichtet auch von „Straßen in die verschiedenen Provinzen, und auf jeder der großen Hauptstraßen sind im Abstand von etwa fünfundzwanzig oder dreißig Meilen, wie gerade die Städte liegen, Stationen zur Unterkunft und Verpflegung der Reisenden zu finden, die (Jamb oder Posthäuser

genannt) werden. Das sind ansehnliche, geräumige Häuser mit mehreren gut eingerichteten Zimmern, die mit Seide tapeziert und mit allem ausgerüstet sind, was für Persönkönnen in diesen Stationen angemessen untergebracht werden. An jeder Station stehen vierhundert tüchtige Pferde bereit, so daß alle Boten des Kaisers und alle Gesandten dort einkehren und ihre Pferde wechseln können."

„Unsere Venezianer hatten nun viele Jahre am kaiserlichen Hof gelebt, in dieser Zeit Reichtümer in Gold und Edelsteinen erworben und empfanden schließlich große Sehnsucht nach ihrem Vaterland."

Während ihres ganzen Aufenthalts in China haben die drei Kaufleute offenbar den Wunsch, nach Venedig zurückzukehren. Mehrere Male bitten sie den Großkhan darum, sie heimkehren zu lassen. Die Bitte wird ihnen versagt. Aber schließlich ergibt sich doch eine Gelegenheit. Als Marco Polo von einer Mission nach Indien zurückkehrt, kommen drei Gesandte Arghuns, dem Khan der Tataren in der Levante, nach China, um Kubilai Khan eine Bitte vorzutragen: „Sie (die Königin Bolgara) beschwor in ihrem Testament den Gatten, keiner anderen ihren Platz auf dem Thron und in seiner Zuneigung zu schenken als einem

Das System der Postverbindungen erstaunt alle Reisenden aus dem Abendland. In China ist es nicht neu, und die frühesten Ansätze davon gehen auf den ersten Kaiser der Qin und auf die Zentralisierung der Macht am Ende des 3. Jahrhunderts v. Chr. zurück. Unter den Mongolen wird es beträchtlich weiterentwickelt und auf das gesamte von ihnen beherrschte Gebiet, also auf einen großen Teil Asiens, ausgedehnt. Marco Polo behauptet, daß allein in China über 200 000 Pferde in den verschiedenen Anschlußstellen gehalten werden und daß es über 10 000 Relaisstationen gibt.

Mädchen aus ihrer Familie." Die Boten Arghun Khans kommen auf dem Landweg zu Kubilai Khan, geraten auf ihrer Rückreise jedoch in Kämpfe und sehen sich gezwungen, umzukehren. Marco Polo schlägt daraufhin vor, die Gesandten Arghuns und die Prinzessin, die seine Frau werden soll, auf dem Seeweg zu begleiten. Diese Lösung wird akzeptiert.

„Die Gesandten, deren Schutz die junge Königin Köketschin unterstellt war, schifften sich gemeinsam mit Nicolò, Maffeo und Marco Polo ein, nachdem diese vom Großkhan Abschied genommen hatten."

Der Rückweg der Polos läßt sich leichter verfolgen als die Anreise. Die Delegation schifft sich offenbar in Quanzhou auf 14 Schiffen ein, „von denen jedes bis zu neun Segeln am Mast tragen konnte". Nach dreimonatiger Reise gelangen sie zu der kleineren Java-Insel (in Wirklichkeit Sumatra) und segeln 18 Monate, bevor sie das Gebiet Arghuns

„So ergriff Nicolò Polo eines Tages, als er den Großkhan noch freundlicher fand als sonst, die Gelegenheit, sich ihm zu Füßen zu werfen und ihn für sich und seine Angehörigen zu bitten, Seine Majestät wolle ihnen die Heimreise in Gnaden gestatten. Weit entfernt, sich diesem Gesuch geneigt zu zeigen, schien der Großkhan unwillig darüber zu sein und fragte, was sie zu dem Wunsch verleiten könne, sich all den Unbequemlichkeiten und Gefahren einer Reise auszusetzen, bei der sie leicht das Leben verlieren könnten."

Marco Polo

erreichen. Marco Polo erwähnt wiederum nicht nur die Regionen, wo er an Land geht, sondern auch Orte, die er wahrscheinlich nie bereist hat: Madagaskar, Sansibar, Abessinien, Aden. Er stützt sich in seinem Bericht auf mündliche und schriftliche Quellen, nicht nur auf seine eigenen Erfahrungen.

In Wirklichkeit muß er den Persischen Golf erreichen und in Hormus anlegen. Dort erfährt er, daß Arghun Khan gestorben ist. Die Prinzessin wird seinem Sohn übergeben. Und nach einem Aufenthalt von neun Monaten reist Marco Polo mit seinem Vater und seinem Onkel von dort in Richtung Venedig weiter, nun allerdings auf dem Landweg über die Türkei. Sie gelangen nach Trapezunt am Schwarzen Meer, wo ein Teil der Waren, die sie mit sich führen, konfisziert wird. Von dort reisen sie – zweifellos per Schiff – nach Konstantinopel und erreichen Venedig 1295, nach einer Reise von über drei Jahren.

Marco Polo schifft sich vielleicht in Zaytun (Quanzhou) ein, einem großen Hafen, von dem aus Handel mit Indien betrieben wird, „einer der Häfen mit der größten Menge an Handelsware auf der Welt“.

„Durch den Verlauf seines Lebens kann man es verstehen und beurteilen, daß dieser edle Bürger eine gerechte und vorzügliche Gesinnung besitzt."

Ab dieser Zeit gehört alles, was wir über das Schicksal Marco Polos wissen, ins Reich der Legende. Die Informationen über sein Leben nach seiner Rückkehr nach Venedig stammen in erster Linie aus verschiedenen Testamenten der Familie Polo: Er ist damals 41 Jahre alt, heiratet und bekommt drei Töchter. Es scheint nicht, als habe er bei den Venezianern besonderen Ruhm genossen.

Zuerst mit seinem Vater und seinen Onkeln und schließlich allein, widmet er sich der Tätigkeit als Kaufmann und versucht, das in Trapezunt verlorene Kapital wiederzugewinnen. Er investiert in verschiedene Geschäfte, v. a. in den Gewürzhandel. In Venedig hat er eine achtbare, jedoch relativ bescheidene Stellung inne: Er wird kein Mitglied des Großen Rats der Stadt. Er erwirbt mit seiner Familie ein großes Domizil, das unter dem Namen „Corte del Milione" oder auch „Ca'Polo" bekannt wird. 1324 stirbt er in Venedig. Diese spärlichen Informationen entsprechen in keiner Weise der Legende, die sein Leben umrahmt. Die eindringlichste Version davon wird von Giovannni Battista Ramusio, dem ersten Historiker der großen Reisen des Mittelalters, geschaffen: Er gibt den Bericht Marco Polos 1553 in seiner großen Kompilation „Delle Navigazioni e Viaggi" heraus. Schon seit dem Beginn des 14. Jahrhunderts hat die Legende durch Iacopo d'Aqui begonnen, Gestalt anzunehmen, der in seinem „Imago Mundi" erwähnt, daß Marco Polo den Beinamen Milionus, „der Millionen-Marco", erhielt. Aber weshalb?

Man hat bisweilen geglaubt, daß dieser Beiname sich auf den „Mann mit den Millionen" beziehe und von den Reichtümern und Juwelen herrühre, die Marco Polo gesehen hat und mitbrachte. Andere leiten ihn vom Titel seines Berichts, „Il Milione", ab. Die Wunder, die das Buch beschreibt, sind vielleicht oft nur Übertreibungen. Laut Iacopo d'Asti hat man Marco Polo vor seinem Tod gebeten, diese Übertreibungen zu korrigieren. Darauf soll er geantwortet haben, daß er nicht die Hälfte dessen erzählt habe, was er sah. Schließlich ist es möglich, daß die Bezeichnung „Million" einfach nur von dem Palais herrührt, das die Polos kauften, dem „Corte del Milione", der einer Familie Milioni gehört haben soll.

Glaubt man Ramusio, so will niemand die Polos wiedererkennen, als sie nach Venedig zurückkehren, sprechen sie doch kaum mehr die Sprache der Venezianer. Daher geben sie ein Bankett für alle ihre Verwandten und Freunde und erscheinen dort in prunkvollen Kleidern. Aus dem Kleiderfutter, das am Ende des Banketts aufgetrennt wird, holen sie Juwelen und kostbare Edelsteine hervor, die ihre Gäste begeistern.

CHINA
LA CHINA
MANGI PRO.
CANGIGU P.
TAINFU P.
CAINDU P.
THEBETH
CARAJAN P.
ERGINUL R.
CATAIO
PRO
SIAN R.
CAMPA R.
CAMBODIA R.
BERMA R.
AVA R.
GAUCINCINA
MALACA
DESERTO
ARSARET
PIANURA DI BARGU
Saianfu Città espugnata dal Padre, e Zio di M. Polo
CAMBALU
Caracoran
M. Altay
Bornei
Mindanao I.
Zolo I.
Lezon I.
Tayomban I.
Pavilongan
Isole del Rey
Apuguhio
Pulocondor
Corol
Capelan
Tenazarin
Pegu
Martab
Sian
Bancok
Campa
Cambodia
Cotan
Deitan
Gaucincina
Quanton
Chiansi
Quamhay
Ciucanc
Quelin
Coiganfu
Canoigu
Foragaira
Singui
Pianfu
Tainfu
Achbaluch
Calma
Coiba
Pulisangan F.
Couza
Quanzu
Sindifu
Cianglu
Tayven
Pazanfu
Caramoran F.
Coiganzu
Paughin
Vaghi
Zanzu
Calacia
Campion
Ezina
Tenduch
Mongul
Cianganor
Xandu
Sindachi
Jamu F.
Tenangir
Amuy
Quezanfu
Cacianfu
Jacy
Cangan
Caor
Tolman
Udia
Caipumo
Lacto ra
Bengala
Jangoma
Velia
Sedea
Codobe
C. Nagi
Quero
Lougur
Donai
Lugor
Ciu
Patana
Quedoa
Calatan

Der Venezianer G. B. Ramusio (1485 – 1557) ist bestrebt, Marco Polo zu einem berühmten Mann zu machen. Ramusio ist mit mehreren Missionen nach Frankreich und in die Schweiz betraut. Bekannt wird er v. a. durch seine 1553 herausgegebene Kompilation „Delle Navigazioni e Viaggi“. Neben anderen Berichten, die sich mit Afrika, Asien und Amerika beschäftigen, stellt er dort auch die Reise Marco Polos vor, deren Route von Samarkand bis China hier dargestellt ist. Auf dieser Karte, die die wichtigsten von Marco Polo zitierten Orte zeigt, ist der Süden oben. In Sugiu (Suzhou in der heutigen Provinz Gansu) vermerken die Kartographen, daß man dort Rhabarber im Überfluß finde, eine Pflanze, die über die Seidenstraße bis in den Okzident exportiert wird. Dort werden ihre medizinischen Eigenschaften außerordentlich geschätzt.

„Da dieser (Marco Polo) den Wunsch hatte, Dinge, die er sah und hörte, zu berichten zu Nutz und Frommen aller Menschen, ließ er (...) alles (...) niederschreiben."

1298 wird Marco Polo bei einer Seeschlacht zwischen Genuesen und Venezianern gefangengenommen und nach Genua mitgeführt. Es ist nicht sicher, ob er eingekerkert wird. Vielleicht behält man ihn nur als Geisel zurück. Wie immer es auch gewesen sein mag, jedenfalls trifft er in Genua Rusticello von Pisa, der seinerseits 1284 in Gefangenschaft geraten ist. Rusticello ist Hofschreiber und Autor von Ritterromanen, die auf französisch verlegt werden. Zwei davon sind uns erhalten. Er übt seine Tätigkeit unter König Heinrich III., dann Eduard I. von England aus. Marco Polo diktiert Rusticello seine Erinnerungen. Er selbst hatte nur einige wenige Notizen gemacht.

Die Rivalität zwischen Genuesen und Venezianern dauert auch noch im 13. und 14. Jahrhundert an. 1298 ist Marco Polo Kapitän auf einer der 32 Galeeren, die in der Schlacht von Curzola kämpfen. Die Schlacht, in der die Venezianer besiegt werden, findet an der dalmatinischen Küste statt.

„Venedig ist aus nichts heraus geboren; aus ein wenig Schlamm und dem Schaum des Meeres, wie Venus, deren Namen auch ganz ähnlich klingt. Es ist eine der schönsten Lektionen für die Menschheit, daß die Geburt, die Entwicklung, der Reifungsprozeß einer Stadt an der Stelle, die für eine Besiedlung am wenigsten günstig erscheint, vonstatten gehen kann. Diese Stadt, ausgezehrt, ohne Hinterland, weit entfernt von Feldern und Weinbergen, hat das einzige Kolonialreich, das das Mittelalter kannte, dominiert, ausgebeutet und z.T. bevölkert. Sie wurde eine der größten europäischen Mächte, breitete ihre Herrschaft über die Meere aus und begann dann, das Hinterland zu erobern; eine Stadt, die die Grenzen der bekannten Welt verrückt hat, indem sie den Bewohnern des Westens den Fernen Osten durch die Zeugnisse Marco Polos eröffnete, die Sahara und Schwarzafrika durch die Berichte des Ca' da Mosto und die Neue Welt durch Sebastiano und Giovanni Caboto.“

P. Braunstein, R. Delort

„Von ihm ist das vorliegende Buch verfaßt worden.“

Dem Buch ist ein glückliches Schicksal beschieden. Man nimmt an, daß es zuerst auf Französisch geschrieben wurde, aber es existieren auch andere Versionen – auf Lateinisch, Toskanisch, Venetisch und verschiedene Übersetzungen: Insgesamt hat man 143 Manuskripte gezählt. Die Titel, unter denen das Werk bekannt ist, sind unterschiedlich: „Die Beschreibung der Welt“, „Das Buch der Wunder“ oder auch „Il Milione“.

Dieser Abenteuerbericht, eine ethnographische Reportage und eine Sammlung von Erdachtem in einem, läßt sich den Wunderbüchern, die ihre Krönung mit dem berühmten „Livre des merveilles“ des John Mandeville finden, zuordnen, da es Traum und Realität vermischt. John Mandeville ist ein möglicherweise französischer Mediziner, der sich aber als Engländer ausgibt. Er verfaßt um 1360 ein aus Teilen zusammengefügtes Werk, die anderen Reiseberichten entnommen sind. Er selbst scheint nicht durch Asien gereist zu sein, wie er es vorgibt. Trotzdem übertrifft der Erfolg seines Buchs den der „Beschreibung der Welt“ bei weitem. Jedenfalls sind uns 250 Handschriften erhalten.

„Er selbst hatte nur wenige Dinge aufgezeichnet.“

Durch sein Buch präsentiert sich Marco Polo mit Hilfe Rusticellos eher als Erzähler denn als Kaufmann, der seine Reiseerfahrungen in Asien vorlegt. Sein Vorbild sind offen-

bar die im Mittelalter sehr geschätzten Bestiarien, enzyklopädische Werke wie das „Imago mundi“ oder legendäre Romane wie der Alexanderroman. An mehreren Stellen geben Marco Polo bzw. Rusticello lediglich bereits bekannte Beschreibungen wieder. Dazu gehören z. B. Passagen über Fabeltiere oder sagenhafte Volksstämme, die Teil der mittelalterlichen Bildwelt sind. Ein Beispiel dafür sind etwa auch die Schlangen im Land Caragian: „Man sieht hier ungeheuer große Schlangen, die zehn Schritt lang sind und zehn Spannen Umfang haben (...), und der ganze Anblick dieser Ungeheuer ist so furchtbar, daß weder Mensch noch Tier ihnen ohne Schrecken begegnen können.“

Diese Schlangen ähneln den in den Bestiarien häufig auftretenden Drachen, wenn sie auch mit ihren krallenbesetzten Pranken, ihren „Rachen, groß genug, einen Mann zu verschlingen“, ihren riesigen Zähnen eher an Krokodile erinnern. „Doch sie lassen sich nicht, wie man bei uns sagt, durch Jungfrauen fangen, sondern sind sehr wild und scheu. Von dem Salamander in Gestalt einer Schlange

Angeblich hat Marco Polo in Persien die Legende von den drei Magiern verbreitet, die Christus Gold, Weihrauch und Myrrhe darbrachten. Dafür soll das Kind ihnen ein Kästchen gegeben haben, das sie nicht öffnen sollten. Sie aber taten es trotzdem und sahen, daß es lediglich einen Stein enthielt. Da sie glaubten, zum Narren gehalten worden zu sein, warfen sie den Stein in einen Brunnen, von wo er ein helles Feuer entsandte. Der Überlieferung nach rührt die Feuerverehrung in Persien von dieser Begebenheit her.

dagegen, der im Feuer leben soll, habe ich in den östlichen Ländern keine Spur entdecken können."

Die hundsköpfigen Menschen, die Marco Polo auf der Insel Angaman gesehen haben will, erscheinen bereits seit langer Zeit in den Sammlungen über die Wunder Indiens. Sind sie eine Entlehnung aus dem Alexanderroman, der damals viel gelesen wird? Darin wird das Epos Alexanders mit sehr vielen erfundenen Details erzählt, die auf griechisch-römische Quellen zurückgehen. Interessanterweise findet man solche Fabelwesen auch in den Legenden um den Priesterkönig Johannes.

„Ohne Zweifel gibt es hier einige Dinge, die er nicht gesehen hat: Aber er hat sie alle von Menschen erfahren, die glaubwürdig sind und die man zitieren kann."

Marco Polo scheint immer zwischen der Realität und der Erfindung zu pendeln. Manchmal folgt er in der Schilderung der Wunderdinge blind der Tradition, aber an anderen Stellen bringt er seine eigene, neue Sicht ein. So z. B. bei der Beschreibung des Rhinozeros, eines „Einhorns", von dem er versichert, daß es sich entgegen dem, was man in Europa glaube und schreibe, nicht durch die Brust einer Jungfrau gefangennehmen lasse und daß es völlig das Gegenteil von dem sei, wie wir es uns vorstellen. Dasselbe gilt auch für den Salamander, von dem er behauptet, er sei weder ein Tier noch eine Schlange, da seine Haut so beschaffen sei, daß er im Feuer leben könne.

Die Angaben, die Marco Polo über Produktion und verschiedene Handelspraktiken in den von ihm bereisten Ländern macht, sind zahlreich, aber wenig präzise.

Er erwähnt keine Verbindungen mit anderen europäischen Kaufleuten. Dafür erwecken die Häfen und der Seeverkehr in besonderer Weise seine Aufmerksamkeit. Er hält sich v. a. bei den Schiffen auf, die den Warentransport zwischen China und Indien sichern.

„Denn (es ist schon gesagt worden), daß es noch niemals einen Mann gegeben hat (...), der so weite Gebiete der Welt besucht hätte.“

Das Abenteuer Marco Polos ist nicht einzigartig in dieser Epoche, aber im 13. Jahrhundert dienen die Reisen von Europäern nach Asien eher missionarischen Zwecken. Die Reisenden sind Gesandte des Papstes oder der Könige. Die Polos sind die ersten Kaufleute, die einen solchen Versuch unternehmen. Im allgemeinen schreiben die Kaufleute keine Berichte über ihre Reisen. Sind sie mit organisierten Karawanen durch Zentralasien unterwegs oder in kleinen, mit Empfehlungsschreiben ausgestatteten Gruppen über das System der von den Mongolen eingerichteten Relaisstationen? Zwar sind wir gut über das Kommen und Gehen der Kaufleute in Europa und im Mittelmeerbecken informiert, aber darüber hinaus bestehen über die Reisen bis ins 14. Jahrhundert viele Unklarheiten.

Die Handelsrevolution, die Europa zwischen dem 11. und dem 13. Jahrhundert verändert, äußert sich in einer Beschleunigung des Warenverkehrs, in der Ausbreitung der Bereiche, in denen der Warenaustausch stattfindet, und im Fortschritt der Handelstechniken. Der Handel mit China interessiert die Genuesen ebenso wie die Venezianer. Wird auch v. a. Marco Polo berühmt, darf man doch nicht vergessen, daß auch andere Leute die Reise nach Cathay unternehmen.

Immerhin steht fest, daß Italiener nach China reisten und dort lebten. Grabsteine, die in die Jahre 1342 – 1344 datiert sind, wurden in Yangzhou gefunden. Man kennt auch einen gewissen Andalo de Savignone, einen Genueser Kaufmann, der sich in China niederließ und 1336 vom Kaiser nach Europa geschickt wird, um Pferde nach China zu bringen. Als Kaufleute bleiben Nicolò und Maffeo Polo Pioniere. Aber bei ihrer zweiten Reise, bei der auch Marco Polo mit von der Partie ist, handelt es sich um keine kaufmännische Expedition, sondern um eine diplomatische, religiöse Mission: Sie sind vom Papst entsandt, und in dieser Eigenschaft sind sie nicht die ersten. Schon früher sind Ordensbrüder in den Osten gereist, sei es als Gesandte des Papstes oder Ludwigs IX., des Heiligen, von Frankreich. Auch sie haben Berichte über ihre Missionsreisen hinterlassen, Berichte, die teils sehr reich an Informationen, teils aber auch an Erfindungen sind. Keiner davon erlangt eine auch nur annähernd so große Berühmtheit wie der Marco Polos. Der große Erfolg des „Buchs der Wunder“ beruht unter anderem auf der Legende,

die seit dem 16. Jahrhundert von Giovanni Battista Ramusio ausgebaut wird: Er schafft mit der Publikation des Buchs von Marco Polo in seiner großen Sammlung von Reisen eine neue Odyssee – und macht aus dem Reisenden einen neuen Odysseus.

Karawane im Pamir

Zweimal im Jahr organisieren die Kirgisen im Pamir eine Karawane. Ab dem Kleinen Pamir an der chinesischen Grenze bis nach Kandud folgen sie dem oberen Lauf des Amu-Darja über ca. 400 km, um sich mit Salz, Zucker, Tee und dem Allernotwendigsten zu versorgen. Vor der Machtergreifung der Kommunisten im Jahr 1949 in China wandern sie sogar bis nach Kaschgar in der Provinz Sinkiang.

Eine ungeheuer große Wüste

„Zwölf Tage lang führt der Weg über eine Hochebene, die Pamir genannt wird. Da man während der ganzen Zeit auf keine menschliche Ansiedlung trifft, muß man sich zuvor mit allem Nötigen versorgen. So hoch sind hier die Berge, daß man hier keine Vögel in der Nähe der Gipfel sieht, und es wurde sogar behauptet, daß Feuer, die man anzündet, wegen der Schärfe der Luft nicht dieselbe Hitze geben wie in niedrigen Gebieten, auch nicht so kräftig bei der Zubereitung der Speisen wirken."

Marco Polo

Die Berggeister

„Die Berggeister sind böse und grausam und verursachen oft großes Übel. Man kann nicht eindringen, bevor man nicht ein Opfer gebracht hat. Danach aber kann man in Sicherheit kommen und gehen, doch wenn man keinerlei Gebete an sie richtet, wird man von Wind und Hagel überrascht. Das Klima dort ist sehr kalt. Die Umgangsformen sind lebendig und heftig, und die Menschen sind von heiterem und rechtschaffenem Wesen."

Leben des Xuanzang

Fünftes Kapitel
DIE ZEIT DER MISSIONARE

„Wenn aber der Herr Papst, das Haupt aller Christen, in ehrenvoller Weise einen Bischof zu schicken die Absicht hätte, um ihren Torheiten Antwort zu geben, (…), so könnte der ihnen sagen, was immer er will (…). Denn was immer ein Gesandter zu sagen die Absicht hat, das hören sie sich an, und stets fragen sie ihn, ob er noch etwas sagen will."

Wilhelm von Rubruk

Beim Konzil in Lyon 1245 setzt Papst Innozenz IV. Kaiser Friedrich II. ab, der sich ihm energisch entgegengestellt hat und bereits zweimal exkommuniziert wurde. Eines der Hauptziele des Konzils jedoch besteht darin, Mittel gegen die mongolische Invasion zu finden.

In der Zeit, in der die Seidenstraße den westlichen Kaufleuten offensteht, im 13. und 14. Jahrhundert, wird sie auch für die Mission benutzt. So wie einst der Buddhismus gelangt auch der Katholizismus mit dem Handel nach China.

Die Missionare, die seit dem 13. Jahrhundert ausgesandt werden, um den Mongolen das Evangelium zu verkünden, lassen sich mitunter in eine Bewegung einreihen, die die Annäherung der römischen Kirche an die östlichen Kirchen und die Bekehrung der heidnischen Völker Asiens anstrebt.

1241 führt der Tod des Großkhans Ögedei zu einer Stagnation der mongolischen Eroberung. Seine Horden waren bis ins Donaugebiet vorgedrungen. Ein Teil der Truppen weicht wieder nach Osten zurück. Der Schrecken, den sie verbreiten, macht sie in der Vorstellung der Christen

Rechts Brief Güjük Khans an Papst Innozenz IV. (1246)

„Als der Apostolische Sitz uns den Auftrag anvertraute, uns zu den Tataren und in andere Länder des Orients zu begeben, (…) haben wir uns zunächst auf den Weg in die Mongolei gemacht. Wir lebten damals in der Furcht vor der Gefahr, mit der die Tataren die Kirche bedrohten. Wir fürchteten uns davor, dem Tod entgegenzugehen, der Gefangenschaft, dem Hunger, dem Durst, unerbittlicher Kälte, ungeheuerer Hitze, Beschimpfungen und Leiden, was unsere Kräfte übersteigen könnte; solche Prüfungen haben wir tatsächlich in größerem Ausmaß erfahren, als wir es vorhergesehen hatten, abgesehen von Tod und Gefangenschaft. Aber wir wagten es weder uns dem Willen Gottes noch der Ausübung unserer Pflicht zu entziehen. Wir wollten in irgendeiner Weise für die Christen nützlich sein.“

Giovanni del Piano dei Carpini

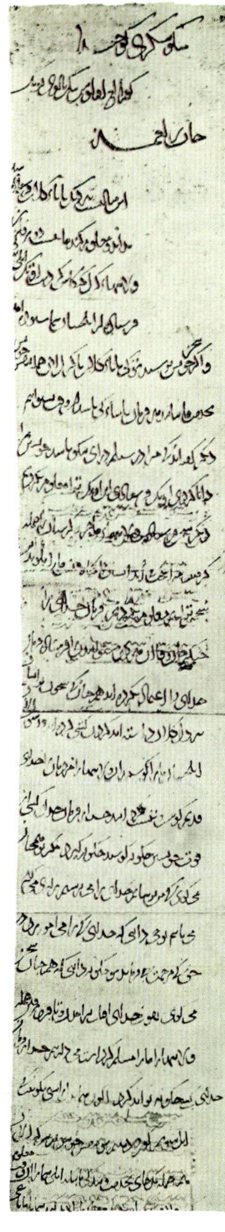

dem Volk der Gog und Magog ähnlich: „Kriegsmacht, Rosse und Reiter, alle in voller Ausrüstung, ein gewaltiges Heer. (…) Da wirst du dann heranziehen wie ein Ungewitter." (Ezechiel 38,1) Nach und nach aber weicht der Schrecken der Bemühung, Kontakte zu knüpfen. 1245 beschließt Papst Innozenz IV., zwei Gesandtschaften zu den Mongolen zu schicken. Die Legaten sollen versuchen, Frieden zu schließen und die Mongolen zu bekehren. Eine der beiden Gesandtschaften wird von dem Franziskaner Giovanni del Piano dei Carpini angeführt, die andere von den Dominikanern Ascelin von Cremona und André de Longjumeau. Die beiden letzteren begnügen sich damit, die Briefe des Papstes der mongolischen Vorhut zu übergeben, ohne weiter vorzudringen. Ascelin seinerseits entgeht nur knapp dem Tod, als er sich weigert, der mongolischen Sitte zu folgen und vor dem Khan Bajiu auf beide Knie zu gehen. In einer Antwort auf die Bemühungen der Kurie äußert sich Bajiu verwundert über diese Beleidigung und fordert, daß der Papst sich selbst zum Großkhan begeben soll.

Der Gesandte des Papstes Innozenz sammelt während seiner Reise ins Tatarenreich eine Fülle von Informationen.

Im April 1245 bricht Giovanni del Piano dei Carpini fast 60jährig mit einem Mitbruder aus Lyon auf. Ab Breslau wird er von einem anderen Ordensbruder begleitet, der ihm als Dolmetscher zur Seite stehen soll. Während seiner Reise auf mongolischem Territorium nutzt Carpini das System der Relaisstationen, das von den Tataren eingerichtet wurde. Im Juli 1246 erreicht er Karakorum. Dort nimmt er an der Krönung des Khans teil, erhält eine Audienz und auch eine Antwort auf den Brief des Papstes. Aber mit seinem Auftrag hat er nicht mehr Erfolg als die beiden Dominikaner. Der Großkhan Güjük fordert die Unterwerfung des Papstes. Giovanni del Piano dei Carpini reist im November auf demselben Weg zurück und erreicht Lyon ein Jahr später.

Seine Reise erweist sich durch die Informationen, die der Missionar sammelt, dennoch als sehr bedeutend.

Wenn seine Mission auch erfolglos bleibt, gleicht seine „Geschichte der Mongolen" eher dem Bericht einer Informationsdelegation als einem Reisebericht. Neben wenigen phantastischen Geschichten, die er der Sitte der Zeit entsprechend erzählt, liefert Carpini ein kostbares anthropologisches Zeugnis über die Mongolen. Er hält sich v. a. an Kriegsfragen und zeigt Mittel auf, in welcher Weise Widerstand gegen die Mongolen zu leisten sei. Ihm erscheint es wichtiger, sie zu bekämpfen als sie zu bekehren. Aber sein Appell, die gefährdete Christenheit zu verteidigen, bleibt ohne Wirkung.

Wilhelm von Rubruk bringt die „gute Botschaft" zu den Mongolen.

Die Delegationen, die denen Carpinis folgen, werden von Ludwig IX. entsandt, der damit ebenfalls eine Annäherung an die Mongolen sucht. Da ist zunächst die Gesandtschaft des André de Longjumeau, der, nachdem er aus dem Mittleren Osten zurückgekehrt ist, 1249 nach Nikosia reist, wo sich Ludwig zusammen mit zwei weiteren Dominikanern aufhält. Inzwischen ist der Großkhan Güjük gestorben, und die Regentin befindet sich nicht mehr in Karakorum, sondern in der Nähe des Balchasch-Sees. Sie reagiert hart auf die Gesandtschaft Ludwigs: Der König von Frankreich wird aufgefordert, sich zu unterwerfen. So beschließt Ludwig, Wilhelm von Rubruk, einen flämischen Franziskaner aus seiner Verwandtschaft, als neuen Boten zu schicken,

„Es heißt in den Sprüchen des Jesus Sirach (39,5) über den Weisen: ‚Zu den Heiden wird er gehen, und er wird Gutes und Schlechtes in allen Dingen erfahren.' Dies, o König, habe ich unternommen. Aber hoffentlich habe ich es wie ein Weiser getan und nicht wie ein Tor. Denn was ein Weiser unternimmt, das tun auch viele andere, aber nicht in ebenso kluger, sondern in törichter Art. Zu deren Zahl fürchte ich zu gehören. Aber wie ich es nun ausgeführt habe – da Du mir beim Abschied gebotest, daß ich alle Erlebnisse unter den Tataren Dir aufzeichnen möchte, und Du mich sogar ermahntest, Dir Bericht darüber zu erstatten – so gehorche ich Deinem Gebote, in Furcht und Zagen freilich, da mir die Worte nicht so zur Verfügung stehen, wie ich sie Eurer Majestät schuldig bin."

Der Bericht des Franziskaners Wilhelm von Rubruk über seine Reise in das Innere Asiens in den Jahren 1253/1255

„Der heilige König trachtete mit der ganzen Kraft seiner Worte, mir einen festen Glauben an das christliche Gesetz zu vermitteln, das Gott uns gegeben hat, wie ihr es weiter unten hören werdet. Er sagte, daß, wenn wir wirklich fest im Glauben wären, wir niemals den Willen haben würden, in Worten oder in Taten dagegen zu handeln, auch wenn wir von Tod und Leiden bedroht würden."
Jean de Joinville, Geschichte Ludwigs des Heiligen (1309)

dem selbst daran gelegen ist, die christliche Botschaft zu den Mongolen zu tragen.

Bruder Wilhelm schifft sich also, in grober brauner Wollkutte und barfüßig, im Mai 1253 in Konstantinopel nach Soldaia auf der Krim ein. Er trägt ein Empfehlungsschreiben für Sartak, Sohn des Batu und Khan der *„Goldenen Horde"*, bei sich, der für die Expansion der Mongolen nach Westen verantwortlich ist und dessen Feldlager sich nahe der Wolga befindet. Von Sartak heißt es, daß er sich bereits habe bekehren lassen und getauft worden sei. Daher beinhaltet das päpstliche Schreiben nur Allgemeinplätze über die Anerkennung des Christentums. Zudem erhält es durch die Übersetzung der armenischen Sekretäre Sartaks, die den weltlichen Charakter des Schreibens offenbar noch mehr hervorheben, einen vollkommen neuen Sinn. Der Khan versteht es dementsprechend als eine Bitte nach militärischer Kooperation gegen die Moslems. Darüber aber kann Sartak ohne Rücksprache mit seinem Vater Batu keine Entscheidung treffen. Also wird Bruder Wilhelm zu diesem geschickt und von dort weiter zum Großkhan Möngke, dem Nachfolger Güjüks in Karakorum.

Wilhelm reist auf einer ganz ähnlichen Route wie Johannes von Piano di Carpine und erreicht im Dezember 1253 Karakorum. Unglücklicherweise geht unterwegs der Brief Ludwigs IX. verloren, und die Mongolen fragen sich nach dem Grund für die Gesandtschaft. Der Franziskaner will sich als Missionar verstanden wissen. Nach kurzer Zeit wird er mit einem Brief von Möngke Khan zurückgeschickt. Das Schreiben des Großkhans enthält wiederum die Forderung nach der Unterwerfung Ludwigs sowie nach der Aussendung offizieller Botschafter.

„Es ist ein Befehl des ewigen Gottes, den wir Euch hier mitteilten. Und sobald Ihr ihn vernommen und anerkannt habt, schickt Eure Gesandten zu uns, wenn Ihr uns Gehorsam leisten wollt. So werden wir erfahren, ob Ihr Frieden mit uns haben wollt oder Krieg. Wenn aber durch die Macht des ewigen Gottes von Sonnenaufgang bis Sonnenuntergang die ganze Welt in Freude und Frieden geeint ist, wird sich zeigen, was wir zu tun haben werden."

Brief Möngke Khans an Ludwig IX., nach Wilhelm von Rubruk

Doch als Wilhelm in Akkon anlangt, wird ihm Hausarrest auferlegt, und man verwehrt ihm eine Audienz beim König. Darauf schickt er Ludwig einen langen Brief über die „Reise ins Mongolenreich". Der Bericht Wilhelms von Rubruk hat nicht denselben Erfolg wie der Marco Polos. Er enthält jedoch zahlreiche genaue, scharfsinnige Beobachtungen. Bei dem Schreiben handelt es sich um das Werk eines frühen „Ethnologen". Wilhelm ist der erste, der erkennt, daß Cathay und das Land der Serer identisch sind. Den Franziskaner interessiert jedes

Auf dieser Miniatur sieht man Franziskanermönche in Asien, die Pflanzen sammeln. Wilhelm von Rubruk ist erstaunt über die guten Kenntnisse der chinesischen Ärzte über medizinische Kräuter. Vor allem der Rhabarber erfreut sich großer Beliebtheit als Heilpflanze. Er wird sogar unter großen Kosten von den Sarazenen bis ins Abendland exportiert. Wilhelm von Rubruk selbst wird in China krank und daraufhin mit zu Puder zerstäubter und in Wasser eingeweichter Rhabarberwurzel geheilt. Das, sagt er, habe ihn vor dem Sterben bewahrt.

Detail über die Völker, auf die er trifft: ihre Bräuche und Sitten, ihr Siedlungsgebiet, ihre Feste, ihre religiösen Riten. Er macht sich Gedanken über das Schicksal der Europäer und der deutschen Sklaven, die nach Talas und dann in die Dsungarei verschleppt werden, um dort in den Eisenbergwerken zu arbeiten. Um authentische Informationen zu erhalten, tut er sich mit dem Goldschmied Guillaume de Boucher aus Paris zusammen, dessen Adoptivsohn Wilhelm als Dolmetscher dient, sowie mit einem gewissen Basilius, den Sohn eines Engländers, der aber in Ungarn geboren ist.

Wilhelms Wunsch, den christlichen Glauben zu predigen, beschwört Konflikte mit den Nestorianern herauf. Er nennt sie korrupt und gewinnsüchtig, klagt sie an, Säufer zu sein und in Doppelehe zu leben. Doch er muß anerkennen, daß sie dem Großkhan sehr nahestehen. Dessen Kanzler Bolgais ist ebenso ein Nestorianer wie der Erzieher seines ältesten Sohns, des Kronprinzen.

Wilhelm ist irritiert darüber, daß er gegen seinen Willen ständig in die Auseinandersetzungen zwischen den nestorianischen Priestern gerät, und er bedauert, daß er durch die bestehenden Rivalitäten in Konflikt mit dem armenischen Mönch Sergius gerät: Der wirft ihm vor, er sei ein Betrüger.

Wilhelm gelingt es nur selten, Menschen zu bekehren.

Am Hof des Großkhans wird keine Religion einer anderen vorgezogen. Möngke Khan selbst erklärt Wilhelm von Rubruk: „Aber wie Gott der Hand verschiedene Finger gab, so gab er den Menschen verschiedene Wege." Die Mongolen nehmen tatsächlich – je nach den unterschiedlichen örtlichen Vorgaben – verschiedene Religionen an: Während einige Khans in Südrußland oder Persien sich zum Islam bekehren, wird der Großkhan Kubilai in China Buddhist. Nach der Reise Wilhelms von Rubruk stagnieren die religiösen Missionen, sieht man von der zweiten Reise der Polos ab, die sowohl Botschafter des Papstes als auch Kaufleute sind.

Zur gleichen Zeit wie Wilhelm von Rubruk machen sich noch zwei andere Reisende auf den Weg zum Großkhan. Zum einen der Perser Juvaini, der Sohn eines Ministers Arghuns, Gouverneur von Khorasan und des Irak. Er ist kurz vor Wilhelm von Rubruk, 1252–1253, in Karakorum und beginnt dort eine „Geschichte des Welteroberers" zu schreiben. Kurz danach bricht der neue König Armeniens, Hethum I., nach seiner Thronbesteigung 1254 auf, um sich einige Vorteile bei den Mongolen zu sichern. 1255 kehrt er zurück. Auf der Heimreise kreuzt er die Route Wilhelms, jedoch ohne ihn zu treffen.

Johannes von Montecorvino, Bischof von Peking, tauft mehrere tausend Mongolen.

Die Tatsache, daß die Mongolen jeden Missionar freundlich aufnehmen, wird im Westen als Wunsch interpretiert, weitere religiöse Gesandtschaften zu empfangen. So beschließt Papst Nikolaus IV., Johannes von Montecorvino, einen anderen franziskanischen Geheimboten, loszuschicken. Er soll Briefe, in denen die Mongolen dazu aufgerufen werden, sich zum Christentum zu bekehren, überbringen. 1289 reist er ab. Nach seiner Ankunft in Täbris nimmt er davon Abstand, auf der Karawanenstraße zu reisen. Diese Route ist wegen der dort herrschenden Kämpfe

Der Papst hofft vergeblich, Kubilai Khan zur Konversion bewegen zu können, als er Johannes von Montecorvino auf den Weg schickt. Die mongolischen Khane haben sich damals bereits dem Buddhismus zugewandt. Aber der neue Erzbischof und die Suffraganen, die ihn weihen, taufen ca. 20000 Alanen, die aus dem Kaukasus deportiert worden waren, Armenier und Russen.

zwischen verschiedenen Mongolenstämmen zu unsicher. Statt dessen begibt er sich an den Persischen Golf, wo er sich nach Indien einschifft. Dort hält er sich 13 Monate lang auf, ehe er nach China weiterreist. 1293, kurz vor dem Tod Kubilai Khans, erreicht er Khanbalik. Anders als seine Vorgänger kehrt Johannes von Montecorvino nicht mehr aus China zurück. Er bleibt dort und gründet eine christliche Gemeinschaft. In Briefen, die er 1305 und 1306 verfaßt, berichtet er von seiner Tätigkeit: Zunächst sammelt er die Christen, die in der Gegend der großen Krümmung des Gelben Flusses leben, um sich. Dann baut er in Khanbalik eine Kirche. Trotz vieler Anfeindungen durch die Nestorianer predigt er und tauft mehrere tausend Mongolen.

In seinem ersten Brief bittet Johannes dringend um Hilfe. Der Papst entspricht ihr und schickt einige Missionare, die jedoch – außer einem – ihr Ziel nie erreichen. 1307, noch bevor sich der missionarische Erfolg Johannes' abzeichnet, beschließt der Papst zudem, sechs neue Bischöfe zu schicken, die Johannes zum Erzbischof von Khanbalik weihen sollen. Doch auch von ihnen kommen nur drei im Jahr 1313 in China an. In der Zwischenzeit ist es Johannes nicht nur gelungen, viele Mongolen zu taufen, sondern auch Menschen verschiedenster Herkunft: Deportierte und Kaufleute, Alanen, Russen, Armenier usw. Damit bleibt den Bischöfen keine genaue Aufgabe mehr. Immerhin wird ein Bischofssitz in Zaytun (Quanzhou) eingerichtet.

Der Franziskaner Odorico da Pordenone verläßt um 1315 Padua und macht sich nach Khanbalik auf, wo er drei Jahre lang bleibt. In seinem Reisebericht erwähnt er einiges Neue: Er berichtet von der Sitte, die Nägel sehr lang wachsen zu lassen, und vom Brauch der „Lotosfüße", d. h. die Füße der Mädchen einzubinden, um sie am Wachstum zu hindern. Marco Polo erwähnt nichts davon. Vor allem aber ist Odorico der erste Europäer, der die Stadt Lhasa in Tibet erwähnt. Sein Buch, das in der Tradition der Wunderbücher steht, wird später von Mandeville in seinem „Livre des merveilles" verarbeitet. Es kommt sogar dazu, daß man Odorico schließlich als „Fälschung" bewertet.

Das bischöfliche Abenteuer in China dauert nicht lange.

Als Johannes von Montecorvino gegen 1330 stirbt, steht die Frage seiner Nachfolge offen. Der Khan selbst bittet den Papst, einen Nachfolger zu ernennen. Durch diese Bitte beeindruckt, schickt der Papst – allerdings erst 1339 – vier persönliche Legaten, geführt von Giovanni da Marignolli. Sie führen eine Reihe von Geschenken mit sich, u. a. einen großen Rappen mit weißen Hinterbeinen. Das Tier wird vom Großkhan so sehr geschätzt, daß er davon ein Gemälde anfertigen und eine Ode über das Pferd verfassen läßt. Man vergleicht es sogar mit den Bemühungen Kaiser Wus aus der Dynastie der Han: Nachdem dieser Truppen losgeschickt hatte, um sich im Westen „Himmelspferde“ beschaffen zu lassen, habe der Großkhan in seiner Güte und Weisheit ein Himmelspferd erhalten, ohne einen Soldaten zu verlieren.

Nach drei oder vier Jahren Aufenthalt in Khanbalik kehrt Marignolli über Indien nach Europa zurück. Doch es gibt auch weiterhin Bemühungen, zu missionieren und ständige Niederlassungen einzurichten. Dies zeigt nicht nur der Austausch einer Vielzahl von Gesandtschaften, sondern auch die Fortschritte in der Vereinigung der christlichen Kirchen im 13. und 14. Jahrhundert.

„In Khanbalik haben die Franziskaner eine Kathedrale mit einer angemessenen Residenz für den Erzbischof. Beide befinden sich direkt neben dem Palast. Außerdem gibt es in der Stadt noch weitere Kirchen, ja sogar Glocken. Der Klerus erhält seinen Lebensunterhalt in höchst angemessener Weise von der Tafel des Herrschers.“
Giovanni da Marignolli

Im 14. Jahrhundert brechen die Verbindungen zwischen China und der christlichen Welt plötzlich ab.

Die diplomatischen Bemühungen, die seit dem 13. Jahrhundert unternommen werden und auf die Aktivitäten der Missionare und Händler, die Europa und Asien auf den Karawanenstraßen durchqueren, zurückgehen, finden ein Jahrhundert später ein Ende. Dafür gibt es verschiedene Gründe. Der wichtigste dürfte die Pestepidemie sein, die 1348/1349 in Europa wütet. Ein weiterer liegt in der Schwächung der mongolischen Macht in Persien und v. a. in China. Besonders in China häufen sich ab der Mitte des 14. Jahrhunderts die Erhebungen gegen die mongolischen Machthaber, und es kommt 1368 schließlich zur Etablierung einer neuen chinesischen Dynastie, der *Ming*. Dieser gelingt es bis 1387, ganz China zurückzuerobern. Man hat oft behauptet, daß China sich mit der Thronbesteigung der Ming und in Anbetracht ihrer fremdenfeindlichen Politik nach außen abgeschlossen habe. Doch das ist eine Fehleinschätzung: Es gelangen weiterhin Gesandtschaften und Karawanen der Kaufleute ins Reich der Mitte. Aber die überlieferten Zeugnisse stammen nun seltener von Europäern, sondern vielmehr von Persern. Als Beispiel mögen das „Reisetagebuch“ Ghiyath ed-Dins, des Botschafters von Sharokh zwischen 1419–1423, und die „Beschreibung Chinas“ des Kaufmanns Sayyid Ali-Akbar Khitayi, der in der Zeit um 1500 wahrscheinlich mehrere Male nach China reist, dienen. Ein anderer Unterschied liegt darin, daß nun vor allem der Verkehr auf den Seerouten zunimmt.

„Die Härte des Himmels und vielleicht auch die der Menschen war so groß, daß man mit Gewißheit glaubt, vom März bis zum nächsten Juli seien, teils von der Gewalt der bösartigen Krankheit, teils wegen des Mangels an Hilfe, den manche der Kranken leiden mußten, weil die Gesunden sie aus Furcht vor Ansteckung in ihrer Not verließen, über hunderttausend Menschen innerhalb der Mauern von Florenz dem Leben entrissen worden, während man vor diesem verheerenden Ereignis der Stadt vielleicht kaum so viele Einwohner zugeschrieben hätte. Ach, wie viele große Paläste, wie viele schöne Häuser und vornehme Wohnungen, die einst voll glänzender Dienerschaft, voll edler Herren und Damen gewesen waren, standen jetzt bis auf den geringsten Stallknecht leer!“

Giovanni Boccaccio, Dekameron (um 1350)

OCEAN TARTARIQVE
NOVA ZEMLA,
Bargu
Carli
Barscol
Tenduc
Mongul
Melair
Naian,
Cathaya
Ergimul
Tanguth
Baida
Colmak
Samoieda
Sibier
Cassaki
Oby
TARTARIE,
Gartin
Taikent
Cota
L'OCEAN
CHINE
IAPAN
Cantum
DE CHINE.
L'archipelage S. Lazare
PERSE,
Mer Arabique ou Indique
Bengala
Ormus
Tipura

Sechstes Kapitel

DIE ZEIT DER SEEFAHRER

„So ist also Cathay meiner Ansicht nach kein anderes Reich als China. Der große Herrscher, von dem Polo spricht, ist niemand anders als der Herrscher von China, und folglich ist China den Tataren und Persern bekannt, wenn auch unter einem anderen Namen."

Matteo Ricci, Anfang 17. Jahrhundert

Im 15. Jahrhundert verändern der Fortschritt in Navigation und Geographie die Kenntnis der Welt. Dank der Bemühungen Heinrichs des Seefahrers (1394–1460), Infant von Portugal, wird der direkte Seeweg zwischen Indien und Europa um die Südspitze Afrikas entdeckt.

Christoph Columbus auf der Suche nach Cathay.

Im 15. Jahrhundert machen sich die Portugiesen auf, die Welt zu entdecken. 1419 landen sie auf Madeira, 1427 auf den Azoren. Das Kap der Guten Hoffnung erreichen sie 1487/1488. Sie sind auf der Suche nach einem Seeweg nach Indien, wollen den direkten Zugang zu den Gewürzen. Mit diesem Ziel reist auch Christoph Columbus nach Westen. Er kennt die Reiseberichte Marco Polos und der Reisenden des 13. und 14. Jahrhunderts und glaubt, als er 1492 Kuba und die Karibikinseln entdeckt, China erreicht zu haben. Die Ära der großen Entdeckungen, die zu Anfang des 15. Jahrhunderts beginnt und nicht nur das Weltbild, sondern auch die Welt selbst verändert, wird durch eine Reihe von Expeditionen eingeleitet.

„Es ist sicher, sagt der Admiral, daß dieses Festland ist und daß ich vor Zayton und Quinsai liege, weit weg von hundert Orten, mehr oder weniger einer vom anderen entfernt, und das zeigt sich klar am Meer, das sich in anderer Weise bewegt, als es dies bisher getan hat. Und gestern, auf der Fahrt nach Nordwesten, fand ich, daß es kalt war."
C. Columbus, Bordjournal

Die ersten großen See-Expeditionen des 15. Jahrhunderts werden durch die Herrscher der Ming veranlaßt.

Als die Portugiesen am Anfang des 16. Jahrhunderts, nachdem sie die Südspitze Afrikas umschifft haben, im Süden Indiens landen, hören sie von „weißen Menschen", die schon 80 Jahre zuvor hier gelandet waren. Dabei handelt es sich um See-Expeditionen, die seit Anfang des 15. Jahrhunderts von den Kaisern der Ming-Dynastie nach Arabien und an die afrikanischen Küsten ausgesandt wurden. Allein unter Yongle, dem dritten Kaiser der Ming, und seinen Nachfolgern werden zwischen 1405 und 1453 sieben große See-Expeditionen ausgerüstet. Auf den ersten Blick scheint es, als wäre an diesen Expeditionen nichts Außergewöhnliches, denn chinesische Schiffe bestreiten schon seit mehreren Jahrhunderten einen großen Teil des Verkehrs zwischen China, Indien und Arabien. Diese staatlichen Unternehmen erhalten jedoch

„Die Leute aus China, Java, Ceylon, von den Malediven, aus dem Yemen und aus Persien machen sich auf den Weg nach Kalikut, und die Schwarzhändler der

ihre Bedeutung einerseits durch die Größe der eingesetzten Flotten, andererseits durch ihren offiziellen Charakter. Außerdem machen sie deutlich, wie überlegen die Navigationskunst Chinas gegenüber Europa in dieser Epoche ist.

verschiedenen Regionen treffen sich dort.“

Ibn Battuta

Die Überlegenheit der chinesischen Seefahrt rührt von den Fortschritten in der Domäne des Schiffsbaus. Die Navigationshilfen – Karten, Magnetkompaß und Zirkel, Instrumente, um die Zeit, die Position usw. zu bestimmen – sind am Anfang des Jahrhunderts in Ost und West weitestgehend vergleichbar. Die chinesischen Hochseedschunken setzen die fremden Reisenden wie Marco Polo in Erstaunen. Sie sind oft 60 m lang und 30 m breit und enthalten mehr als 50 Kabinen. Sie verfügen über drei bis sechs Masten mit Lateinsegeln und sind mit einem Steuerruder mit Ruderblatt ausgestattet.

Die 62 Schiffe der Expedition des Zeng-He werden in den Werften von Nanking gebaut. Man nennt sie „Schatzboote".

„Die vier Segel werden so angebracht, daß man sie nicht von vorn, sondern schräg sieht. Dank ihrer Anordnung kann man sie alle mit derselben Ausrichtung festmachen, damit sie den Wind auffangen und seine Strömung ausnützen. Die Segel, die hinter dem angebracht sind, das am stärksten dem Wind und dem Druck ausgesetzt ist, werfen sich auf, und vom ersten setzt sich diese Bewegung zum

jeweils nächsten in der Weise fort, daß alle von der Kraft profitieren. Das schräg angebrachte Takelwerk (...) mildert die Angst, die gleichzeitig wegen der hohen Masten entsteht."

Wan Zhen,
Von den fremdartigen Dingen des Südens
(3. Jahrhundert)

Die chinesischen Dschunken des großen Eunuchen Zeng-He erreichen Südostasien und den Indischen Ozean.

Zeng-He, ein Moslem, schickt sieben Expeditionen mit solchen Schiffen in Richtung Mittlerer Osten. Es ist unklar, ob diese Expeditionen diplomatische, kommerzielle oder militärische Ziele verfolgen. Fest steht, daß jede der Expeditionen ca. zwei Jahre dauert und sich aus mehreren Dutzend, sogar Hunderten von Schiffen zusammensetzt, auf denen mehrere tausend Menschen befördert werden.

„Ein Schiff der Portugiesen ist in Mangoo (Yamagawa), einem Hafen in meinem Königreich, angekommen. Aber sie kamen während eines Krieges, so daß ich sie nicht in der Weise ehren konnte, wie sie es verdient hätten. Im Gegenteil: im Land waren Räuber. Diese waren von außerhalb gekommen, um uns zu überfallen. Da sie nicht wußten, daß hier Portugiesen waren, überfielen und töteten sie einen von ihnen mit Namen Alfonso Vaz, worüber ich sehr ungehalten war. Eure Hoheit würde mir sehr viel Ehre bereiten, wenn Sie mir schriebe, wie ich Ihr selbst jedes Jahr schreiben werde. Und wenn Ihr Portugiesen oder Patres hierher schickt, um mir Briefe oder Depeschen von Eurer Hoheit zuzusenden, so werde ich ihnen mit aller Gastfreundschaft und den Ehren begegnen, die Eure Angelegenheiten verdienen.“

Brief des Shimazu Takahisa, Daimyo von Satsuma, an den Vizekönig von Goa (1561)

Die erste Expedition findet 1405 – 1407 statt und umfaßt 317 Schiffe und 28000 Menschen. Die Flotte erreicht zuerst die Küstenregionen von Champa (Vietnam), dann Java, Sumatra, Ceylon und Kalikut. Bei jeder Zwischenlandung werden den lokalen Herrschern Geschenke angeboten. Diese Geschenke sind gleichsam Investitionen, die ein Tributsystem initiieren. Diejenigen, die sich weigern, werden durch Gewalt dazu gezwungen. Auch die anderen Expeditionen gehen auf ähnliche Weise vor. Während der vierten Expedition gelangt ein Teil der Flotte bis nach Hormus, während ein anderer Teil in den Golf von Bengalen segelt. Die fünfte Expedition stößt sogar bis nach Aden und an die afrikanischen Küsten Somalias (Mogadischu, Brava) und des heutigen Kenia (Malindi) vor. Aufgrund dieser Expeditionen verstärkt sich der Einfluß Chinas in Südostasien und im Indischen Ozean beträchtlich. Der diplomatische und der kommerzielle Austausch werden intensiviert und bestehen weiter, selbst als sich China gegen Mitte des 15. Jahrhunderts zurückzieht.

„Im vergangenen Jahr reisten einige unserer Portugiesen nach China. Indessen ließen die anderen (die Chinesen) diese mit dem Argument nicht anlegen, es entspreche den Sitten des Landes nicht, Fremden zu erlauben, in ihre Gebiete einzudringen. Aber die Unseren haben ihre Waren mit großem Gewinn verkauft."

Brief des André Corsali an den Grafen von Medici, 6. Januar 1515

Der tragische Tod des ersten portugiesischen Botschafters in China.

Die Portugiesen „entdecken" China 1513. Im 16. Jahrhundert, nach den Reisen Vasco da Gamas 1497 – 1499 und 1502 – 1503 nach Indien, setzen sich die Portugiesen in Cochin (Indien) und in Goa fest. Sie ernennen in den

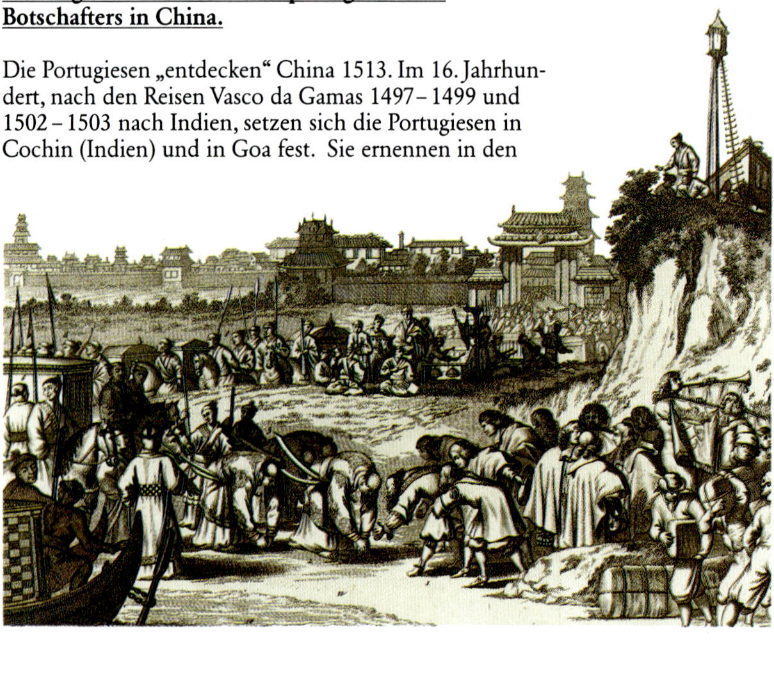

neu eroberten Gebieten sogar einen Vizekönig. Von Indien als Basis dehnen die Portugiesen ihre Eroberungen und kommerziellen Aktivitäten in Richtung Ferner Osten aus: 1511 erreichen sie Malakka, dann Macao und Japan. Als 1513 der erste Portugiese, Jorge Alvares, in China anlegt, kommt er nicht über die Insel Tunmen bei Kanton hinaus. Eine Gesandtschaft unter Tomé Pires endet auf tragische Weise: Pires, ein exzellenter Seefahrer, legt 1517 in Tunmen an und wartet nahezu drei Jahre auf die Erlaubnis, nach Peking reisen zu dürfen. Als er dort ankommt, stirbt der Kaiser, und Pires muß nach Kanton zurückkehren, um die Befehle des neuen Kaisers abzuwarten. Die schlecht übersetzten Beglaubigungsschreiben, seine mangelnde Kenntnis der chinesischen Etikette und der schlechte Ruf, der den Portugiesen seit der Eroberung Malakkas anhaftet, lassen die Mission schließlich völlig fehlschlagen. Tomé Pires wird bei seinem zweiten Besuch in Peking verhaftet, eingesperrt und in Ketten gelegt. Im Jahr 1524 stirbt er, vielleicht an den Folgen der schlechten Behandlung. Mehrere seiner Begleiter werden hingerichtet. Die Schwierigkeiten, auf die die Portugiesen in China stoßen, führen bald dazu, daß sie ausweichen und sich für Japan zu interessieren beginnen.

„Sie berichtete uns dann, daß sein Vater, Tomé Pires, als Botschafter des Königreichs Portugal zum König von China gesandt worden war. Die Chinesen aber hielten ihn wegen eines Aufstands, den ein portugiesischer Kapitän in Kanton angezettelt hatte, für einen Spion und nicht für einen Botschafter, als der er sich zu erkennen gab. So wurde er wie auch zwei weitere Männer gefangengesetzt. Fünf der Leute, die die Chinesen gefangengenommen hatten, erlitten aufgrund einer gerichtlichen Verfügung die Folter und erhielten so viele Peitschenhiebe, daß sie davon auf der Stelle starben.“

Fernão Mendes Pinto, Die Reise

Die „Reise" des Fernão Mendes Pinto.

Eines der außerordentlichsten, wenn auch unwahrscheinlichsten Abenteuer der portugiesischen Unternehmungen ist die Reise des Fernão Mendes Pinto.

Pinto ist ursprünglich Dienstbote in Lissabon, entflieht aber seinem Herrn und schifft sich 1537 nach Indien ein. Er wird Freibeuter, gerät in Gefangenschaft, wird als Sklave verkauft und dann zurückgekauft. Er tritt in den Dienst des Hauptmanns von Malakka, für den er verschiedene Aufträge ausführt. In diesem Zusammenhang landet er auch in China, wo er verhaftet und zur Zwangsarbeit verurteilt wird. Man deportiert ihn an die Große Mauer. Nachdem er die Freiheit wiedererlangt hat, schifft er sich ein und erleidet vor der Küste Japans Schiffbruch. Später taucht er wieder in Malakka, Birma und Thailand, dann in Japan auf. Dort trifft er Franz Xaver, dessen Freund und Anhänger er wird. 1554, nach dem Tod des Heiligen, beschließt Mendes, Jesuit zu werden, bricht jedoch nach 1556 mit dem Orden und kehrt nach Lissabon zurück, wo er 1585 stirbt. Sein Bericht, in dem Pinto vorgibt, 13mal Sklave gewesen und 16mal verkauft worden zu sein, ist voller Unstimmigkeiten und Lügen. Deswegen ist er bald umstritten, und auch heute noch sind die Historiker darüber geteilter Meinung. Wahrscheinlich hat sein Bruch mit den Jesuiten bei diesen einige Ressentiments hinterlassen, denn gerade unter ihnen finden sich seine schärfsten Kritiker. Und trotz aller Übertreibungen bleibt die „Reise" ein nicht zu ersetzendes Zeugnis der portugiesischen Unternehmungen im Fernen Osten.

Der heilige Franz Xaver (1506 – 1552), einer der ersten Jesuiten, reist 1542 als Missionar nach Indien. 1549 landet er in Japan, wo er mit seiner Mission gewisse Erfolge verzeichnet. Er versucht, nach China zu gelangen, und erreicht zwei Jahre später eine Insel bei Kanton, wo er stirbt, ohne seine Pläne realisiert zu haben.

Die Seidenstraße
Landwege
Seewege
Wüsten
1000 m
200 m
0 m
0
1000 km
Nordsee
Ostsee
Kopenhagen
Berlin
Prag
Wien
Budapest
KARPATEN
Bukarest
Belgrad
Sofia
Moskau
Kasan
Ural
Wolgograd
Asowsches Meer
Astrachan
Aralsee
Amu-Darja
Kaspisches Meer
Schwarzes Meer
Kaukasus
Tiflis
Konstantinopel
Ankara
Erzurum
Armenien
Buchar
Mary Merv
Genua
Venedig
ITALIEN
Adria
Rom
Neapel
Brindisi
Tyrrhenisches Meer
GRIECHENLAND
Athen
Ionisches Meer
TÜRKEI
Konya
Kurdistan
Täbris
Alexandrette
Aleppo
Mossul
Meschhed
Teheran
IRAN
Isfahan
AFGHAN
Tunis
TUNESIEN
Mittelmeer
Kreta
Zypern
SYRIEN
Dar es-Sur
LIBANON
Palmyra
Damaskus
Bagdad
Akkon
IRAK
Tripoli
Alexandria
Kairo
JORDANIEN
Schiras
Persischer Golf
Straße von Hormu
LIBYEN
Fessan
ÄGYPTEN
Große Nefud
Rotes Meer
Leuke-Kome
Riad
Medina
S a h a r a
Ahaggar
Tibesti
Berenike
Nubische Wüste
Mekka
Rub al-Khali
OMAN
ARABISCHE HALBINSEL
NIGER
SUDAN
Tschadsee
Aden
Golf von Aden
Dschibuti
S u d a n
SOMALIA
Mogadischu
Victoriasee

Nowosibirsk
Omsk
Baikalsee
MONGOLEI
Ulan-Bator
tan
Altai
Balchaschsee
Dsungarei
Gobi
Mandschurei
Frunse
Hami
Tienschan
Kucha
Kara Shar
Kirgistan
Sinkiang
Ansi
Peking
Taschkent
Takla Makan
Dunhuang
Kaschgar
Wuwei
Charchan
Hwangho
Gelbes Meer
Karakorum
Khotan
Lanzhou
Kunlun-Gebirge
Gilgit
Sian
Islamabad
Jangtsekiang
Hwangho
Indus
Mekong
Kaschmir
Tibet
Jangtsekiang
Shanghai
Himalaja
Amritsar
CHINA
Brahmaputra
Indus
Ganges
Agra
Patna
Brahmaputra
Ganges
Bengalen
Benares
Kanton
Ahmedabad
Indore
Kalkutta
Hanoi
Formosa (Taiwan)
INDIEN
Golf von Bengalen
Rangun
Mekong
Annam
Hainan
Bangkok
Bangalore
Indochina
Andamanen
Süd-chinesisches Meer
Philippinen
Lakkadiven
Malakkastraße
Nikobaren
Ceylon
Malediven
Singapur
Sumatra
Borneo
IDISCHER OZEAN
Sundastraße
Java

Die Geographie verliert ihre phantastischen Züge.

Die Entdeckungen der Portugiesen seit Beginn des 16. Jahrhunderts verbessern die geographische Kenntnis Asiens erheblich. Bis dahin stammen fast alle Informationen über den Kontinent aus der „Geographie“ des Ptolemaios und aus dem Bericht Marco Polos. Darauf beruhen z. B. der „Katalanische Atlas“, den man auf 1375 datiert, oder die Weltkarte des Fra Mauro von 1460. Die Seekarten, die auf der Basis von Informationen malaiischer Lotsen angefertigt werden, erlauben es den Portugiesen von nun an, sich weiter nach Osten vorzuwagen. Die geographische Kenntnis

Im Mittelalter sind die Karten meist mit dem Osten, d. h. Richtung Jerusalem, ausgerichtet. Unter arabischem Einfluß orientiert man dann die Karten manchmal nach Süden: so etwa die Weltkarte Fra Mauros. Erst im 16. Jahrhundert setzt sich – dank des Gebrauchs des Kompasses – die Orientierung nach Norden durch.

Chinas dagegen ist noch sehr allgemein. Man geht immer noch davon aus, daß das Land, das man ja in erster Linie über das Meer erreicht, eine riesige Insel wie Japan sei – und damit nicht das Cathay Marco Polos. Wie schon in der Antike wird also weiterhin zwischen Serern und Thinai unterschieden.

Als die Jesuiten sich am Ende des 16. Jahrhunderts in Peking niederlassen, forscht Matteo Ricci nach der Lösung des Rätsels, wobei er die chinesischen Quellen und die neusten chinesischen Meßmethoden heranzieht. Er ist es schließlich, der die Hypothese aufstellt, daß das Cathay Marco Polos und China dasselbe Land seien.

Bento de Goes bestätigt die Annahmen Matteo Riccis.

Der 1563 auf den Azoren geborene Bento de Goes, ein Jesuit, wird von seinen Mitbrüdern 1602 von Goa aus losgeschickt, um Gerüchte, die von moslemischen Kaufleuten verbreitet werden, zu überprüfen: Nach deren Behauptungen sind sie nach Cathay vorgedrungen, wo sie auf

Matteo Ricci (1552–1610) ist der erste jesuitische Missionar, der sich seit 1583 dauerhaft in China niederlassen kann – zuerst in Macao, dann in Nanking und in Peking. Die Jesuiten unterhalten dank ihrer Kenntnisse in Mathematik, Astronomie und Geographie die besten Beziehungen zu den chinesischen Herrschern. Unten zwei Männer, die das Werk Riccis fortführen: Adam Schall (1591–1666), der Naturforscher, und Ferdinand Verbiest (1623–1688), der Astronom.

Christen gestoßen sein wollen. Da der Landweg nach Cathay seit der Mitte des 14. Jahrhunderts abgeschnitten ist, ist seine Route vorgegeben: Er reist über Lahore, Kaschmir, Ladakh und Kaschgar. Um unbehelligt reisen zu können, verkleidet er sich als armenischer Kaufmann und nimmt den Namen Banda Abdullah, „der Diener des Herrn" an. In Lahore schließt sich Bento de Goes einer Karawane von 500 Leuten mit Pferden, Kamelen und Wagen an, die einmal im Jahr nach Kaschgar zieht. Die Reise ist gefährlich. Außer den Schwierigkeiten, die mit der Überquerung des Hindukusch verbunden sind, stellen auch die zahlreichen Wegelagerer eine Gefahr dar. Nach einem achtmonatigen Aufenthalt in Kabul bricht die Karawane wieder auf. Wie schon auf der Reise nach Kabul wird die Karawane überfallen und ausgeplündert. Dennoch gelingt Bento de Goes die Überquerung des Pamir, und er erreicht Yarkand und schließlich Kaschgar. Dort muß er warten, bis sich eine neue Karawane formiert. Das geschieht nicht jährlich, denn es ist oft unsicher, ob die Einreise nach Cathay möglich ist. Überdies muß sich Bento de Goes mit einem Vorrat an Jade eindecken, die in Cathay sehr gefragt ist. Außerdem braucht er den Schutz eines offiziellen Botschafters, der wiederum höchstens 72 Leute dort einführen darf – und der reich dafür bezahlt werden will. Goes folgt der Straße im Norden Takla Makans und erreicht Karashar. Dort lernt er moslemische Kaufleute kennen, die aus Cathay zurückkommen. Sie berichten ihm von Matteo Ricci, den sie in Peking getroffen haben.

Am Anfang des 18. Jahrhunderts setzt der „Streit um die Riten" dem jesuitischen Abenteuer, das ein Jahrhundert zuvor mit Matteo Ricci (hier im Bild) begonnen hat, ein Ende. Tatsächlich wird der Jesuitenorden, der die Tracht der Konfuzianer sowie gewisse ihrer Riten übernommen hat, von Papst Clemens XI. verboten. Die Missionare werden schließlich vertrieben und die Christen verfolgt. Aber es gibt ohne Zweifel einen tieferen Grund für diesen Mißerfolg. Die Frage, die sich nach Jacques Gernet stellt, ist „diese, zu erkennen, ob das Christentum sich mit einem geistigen und soziopolitischen System vereinbaren hätte lassen, das grundsätzlich anders war als das, in dem das Christentum sich entwickelt hatte und mit dem es, ob man es will oder nicht, untrennbar verbunden war."

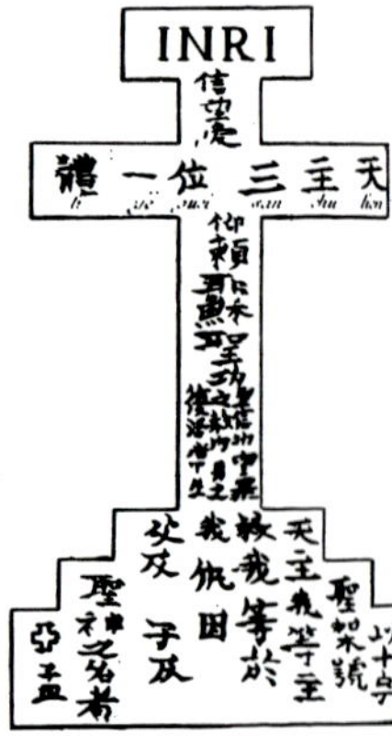

Aber der Jesuit stirbt unterwegs und lernt Peking nie kennen.

Auf seiner Reise beginnt Bento de Goes zu verstehen, daß Cathay wirklich China ist. Aber leider kommt er nie in Peking an, um seine Erkenntnis auch zu beweisen. Er erkrankt und stirbt in Suzhou (Provinz Gansu) am Anfang des Jahrs 1607, bevor er bis ins Herz Cathays gelangt.

Doch seine Erkenntnis, daß China und Cathay ein und dasselbe sind, die schließlich auch bewiesen wird, setzt der Erforschung der „unbekannten Länder" im Fernen Osten vorläufig ein Ende. Zwar gibt es weiterhin viele falsche Vorstellungen über den jeweils anderen Kontinent, aber es dauert bis zum Ende des 19. Jahrhunderts, ehe ein neuer Typ des Entdeckers auftaucht: der Archäologe. Er fragt nach den historischen Kontakten und den gegenseitigen Einflüssen der verschiedenen Brennpunkte der Zivilisation auf dem Phänomen, das man damals einfach als „Seidenstraße" bezeichnet.

„Bento de Goes war schon bereit für die Abreise aus der Stadt Cialis (Karashar), als die andere Gesellschaft von Kaufleuten aus dem Jahr zuvor in Cathay anlangte. Eben dieselben hatten sich, wie es üblich war, im Königreich Cathay unter dem Vorwand, eine Gesandtschaft zu sein, festgesetzt. Und da sie ja in Peking in demselben Palast für die Fremden zusammen mit den Unseren gewohnt hatten, brachten sie Bento sichere Nachrichten von Pater Matteo und seinen Gefährten. Pater Matteo war ganz erstaunt darüber, daß er entdeckt hatte, daß das Königreich China dem Reich Cathay entsprach."

M. Ricci, N. Trigault, Geschichte der christlichen Expedition in das Königreich China (1615)

ZEUGNISSE UND DOKUMENTE

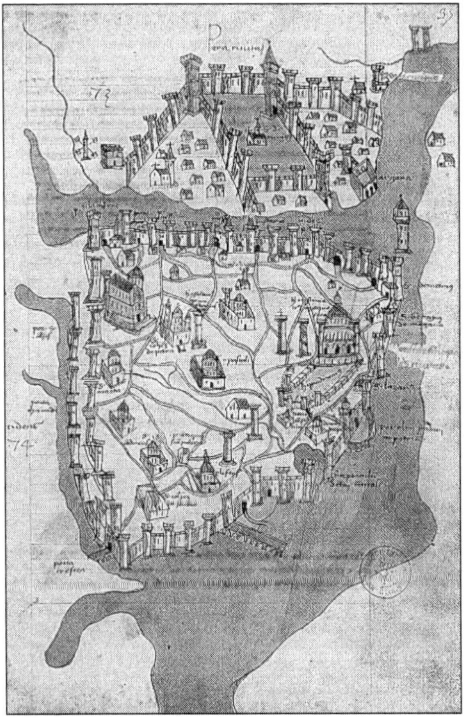

Das Bild der Mongolen in europäischen Quellen

Anfang des 13. Jahrhunderts gelang es Dschingis-Khan, die Nomadenstämme der zentralasiatischen Steppe zu einen. Der Glaube an die göttliche Sendung und der Anspruch auf die Weltherrschaft charakterisieren seinen grandiosen Aufstieg und die erstaunlichen Eroberungszüge.

Gestützt auf diese autokratisch regierte und militärisch festgefügte Gesellschaft konnte Činggis Khan seine Eroberungszüge über den Herrschaftsbereich der Steppenvölker hinaustragen.

Bereits 1206 hatte sich das den Mongolen kulturell überlegene türkische Volk der Uiguren angeschlossen, das dem Großreich später Berater und Waffentechniken, vor allem aber Schrift und Kanzleiwesen überlassen sollte. Es folgte ein Feldzug gegen die südsibirischen Waldvölker, die sich bis zu den Kirgizen am oberen Jenissej der mongolischen Herrschaft beugten.

Der Sieg über die Waldvölker machte den Mongolen den Rücken frei für die Eroberung Chinas. Den Angreifern kam zustatten, daß China zu dieser Zeit nicht mehr ein einheit-

liches machtvolles Reich bildete, sondern in zwei untereinander verfeindete Teilstaaten der Chin im Norden und der Sung im Süden zerfiel. Wenn dennoch die Eroberung des Landes erst nach dem Tode Činggis Khans zum Abschluß gebracht werden konnte, so lag dies nicht nur an dem verzweifelten Widerstand der Chinesen, sondern auch am Unvermögen der mongolischen Reiterscharen, die von chinesischen Ingenieuren verteidigten Städte und festen Plätze einzunehmen.

Unterdessen hatte sich fern im Westen neuer Konfliktstoff angehäuft. Auf dem Gebiet des heutigen Iran, Afghanistan und Turkestan war um 1210 ein mächtiges islamisches Großreich Chorezm unter dem Türken 'Alā ad-Din Muhammād II. entstanden, der sich hochtönend als Sultan des Islam und „zweiten Alexander" bezeichnete. Činggis Khan unternahm zunächst alles, um mit dem Chorezm-Šāh gutnachbarliche Beziehungen zu unterhalten und schlug dem Chorezmier ein Bündnis vor. Muhammād empfing zwar die Gesandten des Großkhans, gleichzeitig aber ließ der Statthalter Muhammāds die Mitglieder einer mongolischen Handelskarawane ausplündern und ermorden. Da der Šāh sich weigerte, Genugtuung zu leisten, war für Činggis Khan der Anlaß zum Krieg gegeben.

1219 brachen die Mongolen mit einem über 150 000 Mann starken Heer in das Reich Muhammāds ein und übten blutige Vergeltung. Hier wie zuvor in China wütete planmäßiger Terror. Die Einwohner ganzer Städte wurden hingeschlachtet, die Bewässerungsanlagen zerstört, Äcker in Steppe verwandelt. Ganze Landstriche verödeten. Sie sollten sich nie mehr von den Verwüstungen erholen. Verzweiflung und Panik breiteten sich unter der überlebenden Bevölkerung aus. Der glücklose Sultan wurde von den mongolischen Generälen J̌ebe und Sübödäi von Stadt zu Stadt gehetzt, bis er auf einer Insel im Kaspischen Meer elend verkam. Im Verlauf des Feldzuges drangen die beiden Heerführer noch weiter nach Westen vor, durchquerten Āẕarbāiǧān, vernichteten ein georgisches Heer bei Tiflis und zogen durch den Kaukasus über Derbent nach Norden. Nachdem sie im Kaukasusvorland eine Koalition von Čerkessen, Kumanen und Alanen zerschlagen hatten, besiegten sie am 31. Mai 1222 ein gemeinsames Aufgebot russischer und kumanischer Fürsten an der Kalka. Die mongolischen Truppen nutzten ihren Sieg freilich nicht voll aus. Sie plünderten lediglich den genuesischen Handelsposten Sudak und kehrten nach einem Streifzug gegen die Volgabulgaren in die turanischen Steppen zurück, wo sie sich mit dem Hauptheer Činggis Khans wieder vereinigten. Noch blieben die Länder Europas von einem weiteren Großangriff der Mongolen verschont. Er sollte erst anderthalb Jahrzehnte später erfolgen.

Nachdem die Mongolen zuerst die islamischen Truppen besiegt hatten, setzte man in Europa große Hoffnungen auf sie. Erst als sie im östlichen Europa blutigen Schrecken verbreiteten, nannte man sie „Tataren", d. h. „die aus der Unterwelt kamen, Höllenhunde", und verband damit die Vorstellung von menschenfressenden Ungeheuern.

Das erste umfassende Mongolenbild des Abendlandes lieferte der Dominikaner Julianus, der auf seinen Missionsreisen 1235/1237 im Wolgagebiet mit mongolischen Gesandten zusammengetroffen war.

Offenkundig ist Julians Bemühen um eine sachliche und unvoreingenommene Darstellung der Mongolen, die weder von Greuelgeschichten noch von übertriebenen Hoffnungen auf das Erscheinen des Priesterkönigs Johannes bestimmt ist. Im dunkeln bleiben allerdings auch für ihn die Anfänge des mongolischen Weltreichs. Julian steht noch ganz im Banne der endzeitlichen Prophezeiungen des Pseudo-Methodios. Für ihn sind daher die Tataren wie alle anderen Steppenvölker die Nachkommen Ismaels und seiner wilden Söhne, die am Ende der Tage die Menschheit heimsuchen werden. In dieses Bild, das er nach eigenem Eingeständnis einem russsischen Geistlichen verdankte (cap. 6,1), fügen sich stark legendär gefärbte Berichte über Frauenraub, Verrat und Blutrache gut ein, die Julian über die mongolische Frühzeit in Erfahrung bringen konnte. Historisch verbürgte Ereignisse und Personen werden gleichwohl sichtbar, die Stammesfehden zwischen Mongol und Merkit, deren Flucht zu den Kumanen, die bereits in der „Geheimen Geschichte" erwähnte Entführung der Mutter Čingis Khans oder der Aufstieg Gurgutams, in dem man ohne viel Mühe den Begründer des mongolischen Weltreichs wiedererkennt, lassen den historischen Kern der Erzählung sichtbar werden.

Vollends aus dem Bereich der Legende tritt Julian allerdings erst mit der Schilderung der mongolischen Persien- und Rußlandfeldzüge. Die Nachrichten von Siegen über Kumanen, Volgabulgaren und Mordvinen und vom bevorstehenden Angriff auf die russischen Fürstentümer geben die tatsächlichen Ereignisse unverfälscht wieder. Julian begnügt sich nicht mit Berichten aus zweiter Hand. Er befragt gleichermaßen Flüchtlinge wie tatarische Gesandte (cap. 2,5; 4,1; 4,4; 4,8), nicht ohne deren Aussagen gewissenhaft zu überprüfen und verbürgte Angaben von bloßen Vermutungen zu trennen (cap. 4,1–2). Julian verbindet Beobachtungsgabe mit sicherem Gespür für das Wesentliche. Mit wenigen knappen Sätzen entwirft er ein anschauliches Bild von Heeresverfassung und Kriegführung der Mongolen, das auch kritischem Vergleich mit den jüngsten Ergebnissen wissenschaftlicher Forschung standhält.

Unerreichte Meisterschaft verraten jene Passagen, in denen der Autor das Werden des mongolischen Weltherrschaftsanspruchs aufzeigt, den er als erster der abendländischen Welt verkündete. Čingis Khan habe – so Julian – am Anfang noch in Stammesfehden und Beutezüge verstrickt, mit jedem militärischen Erfolg stärker dem Drang zu weiterer Expansion nachgegeben und schließlich im Bewußtsein,

„mächtiger als alle Menschen auf Erden zu sein", sich zur Weltherrschaft berufen gefühlt. Noch 1948 suchte Erich Haenisch, der Herausgeber der „Geheimen Geschichte" der Mongolen, den Aufstieg Činggis Khans mit nahezu denselben Beweggründen zu erklären.

Julian begnügt sich nicht mit der Darstellung dieses Aufstiegs, sondern führt als unumstößlichen Beweis für das Weltmachtstreben der mongolischen Herrscher das Schreiben Bātūs an König Béla an. Julian möchte deutlich machen, daß der Expansionsdrang der mongolischen Eroberer nicht an den Grenzen Europas innehalten werde. Für ihn ist deren Angriff gegen Ungarn bereits unvermeidbar und ein Kriegszug gegen Rom und die abendländische Welt in den Bereich des Möglichen gerückt. Julian läßt daher sein Schreiben ausklingen mit einer dringenden Warnung an die Kurie und der Aufforderung, sich rechtzeitig gegen die drohend aufziehende Gefahr zu wappnen. Der Appell Julians gehört somit an den Anfang jener Alarmrufe, die – man denke an das Hilfsgesuch Bélas IV. oder an die eindringliche Warnung Johann Plano de Carpinis (Giovanni dal Piano dei Carpini) – zwar in der Christenheit weite Verbreitung fanden, gleichwohl nicht vermochten, die europäischen Fürsten zu gemeinsamem Vorgehen gegen die Tataren zu veranlassen.

Hansgerd Göckenjan und
James R. Sweeney (Hrsg.):
„Der Mongolensturm"

Der Erfolg der Mongolenheere beruhte zum einen auf ihrer ungewöhnlichen Kampfweise, zum anderen auf ihrer großen Truppenstärke. Zahlreiche Gefangene aus den vielen unterworfenen Völkern wurden gezwungen, in den ersten Reihen der Mongolen zu kämpfen. Julianus wies ausdrücklich auf die Bedrohung hin, die für das christliche Abendland abzusehen war.

3.1. Um Euch die Wahrheit über deren Kriegführung zu berichten, so schießen sie angeblich weiter mit Pfeilen als andere Völker. 2. Und beim ersten Zusammenprall sollen sie nicht nur mit Pfeilen schießen, sondern die Pfeile scheinen zu regnen; Schwerter und Lanzen führen sie im Krieg angeblich weniger geschickt. 3. Sie ordnen ihr Heer so, daß zehn Männer ein Tartar befehligt und hundert Männer wieder ein Centurio. 4. Das unternehmen sie so klug, daß Spione sich unter ihnen nicht verbergen können. Wenn sich aber die Zahl der Soldaten vielleicht wegen kriegerischer Ereignisse verringert, so kann das Heer ohne Verzug wieder ergänzt werden, und das aus verschiedenen Stämmen gesammelte Volk kann nicht abfallen. 5. Denn sie (die Tataren) erschlagen unverzüglich in allen von ihnen unterworfenen Reichen die Könige, Fürsten und Vornehmen, von denen man annehmen könnte, daß sie einmal Widerstand leisten würden. 6. Soldaten aber und mutige Landsleute treiben sie gegen deren Willen und unter Waffengewalt vor sich her in den Kampf. 7. Andere Bauern, die zum Kämpfen weniger geeignet erscheinen, lassen sie zurück, um die Felder zu bebauen. Die Frauen, Töch-

ter und weiblichen Verwandten von allen (in den Kampf Getriebenen wie Erschlagenen) teilen sie in Gruppen von zehn oder mehr Frauen den Bauern, die zum Feldbau zurückgelassen wurden, zu und machen diesen zur Auflage, sich künftig als Tartaren zu bezeichnen. 8. Wenn aber die Krieger, die in den Kampf getrieben werden, gut fechten und siegen – so ist ihr Lohn gering; fallen sie aber im Kampf, kümmert man sich nicht darum! 9. Wenn sie aber in der Schlacht zurückweichen, werden sie unverzüglich von den Tataren niedergemacht. Deshalb wollen die Kämpfenden lieber in der Schlacht fallen als von den Schwertern der Tartaren niedergemetzelt werden. 10. Sie kämpfen also tapferer, nicht um später zu überleben, sondern um schneller zu sterben. 11. Befestigte Städte erobern sie (die Tataren) nicht, sondern verwüsten vorher das flache Land und plündern die Bevölkerung aus. Zugleich sammeln sie die Landbevölkerung und treiben sie in den Kampf, um die Stadt selbst zu erobern. 12. Über die Stärke des Heeres selbst schreibe ich Euch nur, daß es auch die kampffähigen Soldaten aller Reiche, die es bezwungen hat, zum Kampf vor sich hertreibt.

4.1. Auch wird von mehreren Zeugen glaubwürdig versichert, und der Fürst von Suzdal' ließ persönlich durch mich dem König von Ungarn mitteilen, daß die Tartaren Tag und Nacht beraten, wie sie das christliche Königreich Ungarn besiegen und einnehmen können. 2. Sie sollen auch den Vorsatz gefaßt haben, Rom und die Länder jenseits von Rom zu erobern.

Bericht des Dominikaners Julianus.
Zit. n.: Göckenjan/Sweeney:
„Der Mongolensturm"

Je näher die Mongolen rückten, desto erschreckender wurden die Nachrichten über sie. Den ausführlichsten Bericht über die blutrünstigen Taten der Mongolen hat uns Magister Rogerius überliefert, der seit 1232 als Legat des Papstes in Ungarn lebte. Dort wurde er bei der Niederlage von Mohi gefangengenommen und mußte als Diener bei den Mongolen arbeiten, bevor ihm nach einem Jahr die Flucht gelang und er zu einem wichtigen Berater der päpstlichen Mongolenpolitik wurde.

Wie die Tartaren Gran zerstörten.

Der andere Teil des Heeres wandte sich gegen Gran. In die unmittelbare Nähe der Stadt gelangten nur sehr wenige. Sie lagerten vielmehr in größerer Entfernung und errichteten dort dreißig Belagerungsmaschinen. Die

Graner hatten sich inzwischen durch die Anlage von Gräben, Mauern und hölzernen Türmen umfassend gesichert. In der Stadt befand sich eine zahllose Volksmenge, reiche Bürger, Ritter, Vornehme und adlige Damen, die an dieser einzigartigen Zufluchtsstätte schutzsuchend zusammengeströmt waren. Doch war ihre Überheblichkeit so groß, daß sie sich vermaßen, der ganzen Welt Widerstand leisten zu können. Aber siehe, eines Tages umzingelten die Tartaren die Stadt. Die Kriegsgefangenen, die bei ihnen waren, brachten soviel Reisigbündel herbei, daß sie auf einer Seite der Stadt mit ihnen den Graben füllten und zugleich einen Wall aus diesen Bündeln aufrichteten. Hinter jenem Wall stellte man alsbald die oben erwähnten dreißig Belagerungsmaschinen auf, die bei Tag und Nacht Steine auf die Stadt und die hölzernen Türme schleuderten. Man geriet deshalb in der Stadt in derartige Aufregung und Verblendung, daß die Leute den Gedanken an Verteidigung

aufgegeben hatten und wie Blinde und Narren einander behinderten. Die Tartaren zerstörten die hölzernen Befestigungen und schleuderten mit den Wurfmaschinen Säcke voll Erde, um mit ihnen die Gräben aufzufüllen. Keiner von den Ungarn oder anderen (Nationen) wagte sich wegen der Steine und Pfeile am Graben sehen zu lassen. Sobald die Ungarn, Franzosen und Lombarden, die gleichsam Herren der Stadt waren, bemerkten, daß sie sich nicht verteidigen konnten, zündeten sie die Vorstädte und die zahlreichen Holzhäuser außer den Stadtpalästen an. Sie verbrannten in den Häusern zahllose Decken und Kleider, töteten die Pferde, vergruben Gold und Silber in der Erde, versteckten Wertsachen und zogen sich in die Paläste zurück, um sich dort zu verteidigen. Als aber die Tartaren in Erfahrung brachten, daß alle Güter, mit denen sie sich bereichern wollten, eingeäschert worden seien, entbrannten sie in gewaltigem Zorn gegen sie (die Graner Bürger). Sie schlossen die Stadt ringsum mit hölzernen Befestigungen ein, damit niemand entkomme, der dem Gemetzel entgehen könne. Danach machten sie sich daran, die Paläste zu erobern. Sie nahmen diese schnell ein. Ehrlich gesagt, glaube ich nicht, daß fünfzehn Menschen aus der ganzen Stadt übrig geblieben sind, die innen wie außen nicht irgendwo ermordet worden sind. Sie (die Tartaren) berauschten sich am Gemetzel und brieten in ihrer Wut gegen sie lebende Menschen wie Schweine zu Tode.

Bericht des Magisters Rogerius.
Zit. n.: Göckenjan / Sweeney: *„Der Mongolensturm"*

In der Kurie war man sich darüber klar, daß man mehr Informationen über die Mongolen benötigte. So schickte man Gesandte aus. Einer von ihnen, der Franziskaner Giovanni dal Piano dei Carpini (ca. 1185 – 1252), machte sich 1245 auf den Weg zum Großkhan Güjük. Sein Auftrag war, Antworten auf einen in Rom verfaßten Fragenkatalog zu finden und diplomatische Beziehungen zu pflegen. Er lieferte eine herausragende Beschreibung der Mongolen und ihrer Gewohnheiten.

Das bereits genannte Land (der Tataren) ist nun in jenem Teil des Orients gelegen, in dem der Osten, wie wir glauben, sich mit dem Norden vereinigt. Im Osten davon aber liegt das Land der Kytäer und auch das der Solangen, im Süden davon das Land der Sarazenen, im Südwesten davon befindet sich das Land der Huii, westlich davon die Provinz der Naiman; und im Norden wird es vom Ozean begrenzt.

Dieses (Land der Tataren) nun ist zum Teil überaus gebirgig, zum Teil eben; (der Boden) ist meistens sandig, doch enthält er fast überall Kies. Ein Teil des Landes ist mit einigen nicht sonderlich großen Wäldern bestanden, in den anderen Gebieten aber gibt es überhaupt kein Holz. Ihre Speisen pflegen sie dennoch gar zu kochen, und (dann) sitzen sowohl der Khan (Imperator) als auch die Fürsten und die übrigen Männer um das Feuer herum, das nämlich mit dem (getrockneten) Mist von Rindern und Pferden in Gang gehalten wird. Noch nicht einmal der hundertste Teil des genannten Landes ist fruchtbar, und auch dieser kann keinen Ertrag hervorbringen, wenn (der Boden) nicht mit Flußwasser bewässert wird; aber es gibt dort nur wenige Quellen und Bäche, Flüsse jedoch sind noch seltener. Daher finden sich in diesem Land auch keine Dörfer oder gar irgendwelche Städte, von einer einzigen (Stadt) abgesehen, die recht schön sein soll und Caracoron (Karakorum) heißt. Wir haben diese (Stadt) aber nicht selbst gesehen, sondern kamen ihr lediglich auf ungefähr eine Tagesreise nahe, als wir in Syra-Orda, dem größten Hoflager ihres Khans, waren. Wiewohl (das Land) sonst unfruchtbar ist, so kann es zwar nicht üppig, aber doch ausreichend das Vieh ernähren.

Die Witterung in diesem (Land) ist auf sonderbare Weise wechselhaft. Mitten im Sommer nämlich, wenn in anderen Gegenden die allergrößte Hitze zu herrschen pflegt, gibt es dort schwere Gewitter, bei denen sehr viele Menschen ums Leben kommen; zur selben Zeit fällt dort sogar in großer Menge Schnee. Es stürmen dann eiskalte Winde so heftig, daß man sich trotz größter Mühe manchmal kaum mehr auf dem Pferd halten kann. Als wir nahe der Orda waren – so nennen sie die Lagerplätze (stationes) des Khans und der Fürsten –, lagen wir daher, von der Gewalt des Windes zu Boden geworfen, auf der Erde und konnten vor lauter Staub so gut wie gar nichts mehr sehen. In diesem (Land) regnet es im Winter nie, dagegen oftmals im Sommer und dann so mäßig, daß bisweilen kaum Staub und Graswurzeln davon benetzt werden. Dort fällt sogar oft gewaltiger Hagel. Zu der Zeit nämlich, als der Khan gewählt worden war und inthronisiert werden sollte, fiel der Hagel, während wir uns am Hofe aufhielten, so dicht und in so ungeheurer Menge, daß, wie uns sehr ausführlich berichtet wurde, als dieser plötzlich schmolz, mehr als hundertsechzig Menschen in dem Lager ertranken; auch manche Habe und viele Behausungen wurden (vom Wasser) mitgerissen. Hier kommt es auch vor, daß im Sommer erst plötzlich eine große Hitze und unmittelbar danach eine strenge Kälte auftritt. Im Winter hingegen fällt in einigen Gebieten sehr viel Schnee, anderswo aber nur wenig.

Und, um kurz (meine Beschreibung) dieses Landes abzuschließen: Es ist groß, aber sonst, wie wir mit unseren eigenen Augen gesehen haben, weil wir es ja auf unserer Reise fünfeinhalb Monate lang durchzogen, viel wertloser, als wir überhaupt schildern können.

Charles Verlinden,
Eberhard Schmitt (Hrsg.):
„Die mittelalterlichen Ursprünge der europäischen Expansion"

Marco Polo (1254–1324) lernte während seines Aufenthalts beim Großkhan die Lebensweise der ansässigen Mongolen kennen, aber er wußte auch etwas über die der Nomaden. In seinem Bericht hebt er respektvoll die positiven Seiten der Mongolen hervor, verschweigt aber weitgehend ihre negativen Eigenschaften.

Die Tataren haben nirgends feste Wohnsitze, sondern sobald der Winter naht, ziehen sie in die Ebenen wärmerer Gegenden, um Weide für ihr Vieh zu finden, und im Sommer suchen sie kalte Gegenden in den Bergen auf, wo Wasser und Gras vorhanden ist und ihr Vieh von Pferdefliegen und anderen stechenden Insekten nicht geplagt wird. Während zweier oder dreier Monate steigen sie immer zu höher liegenden Orten empor und suchen frische Weide, da das Gras an keinem Platze hinreichen würde, die ungeheuere Menge ihrer Herden zu ernähren. Ihre Hütten oder Zelte bestehen aus Pfählen, die sie mit Filz bedecken; sie sind ganz rund und so kunstvoll gebaut, daß sie sie in ein Bündel zusammenlegen und leicht mit sich führen können, und zwar auf einer Art Wagen mit vier Rädern. Wenn sie die Zelte wieder aufstellen, bringen sie stets die Tür auf der Südseite an. Außerdem haben sie noch ein vorzügliches Fuhrwerk auf zwei Rädern, welches ebenfalls mit Filz bedeckt und so vortrefflich ist, daß sie darin sitzend einen ganzen Regentag aushalten können, ohne naß zu werden. Diese Wagen werden von Ochsen und Kamelen gezogen, und die Tataren führen ihre Weiber und Kinder, ihr Hausgerät und die Lebensmittel, deren sie bedürfen, darin mit sich. Die Frauen betreiben alle Handelsgeschäfte, sie kaufen und verkaufen und besorgen alle nötigen Dinge für ihre Eheherren und ihre Familien, da die Männer sich nur mit der Jagd und Falkenbeize und dem Waffenhandwerke beschäftigen. Sie haben die besten Falken in der Welt und auch die besten Hunde. Sie leben nur von Fleisch und Milch, von dem Wilde, das ihnen die Jagd gibt, und von einem gewissen kleinen Tiere, das dem Kaninchen nicht unähnlich ist und bei uns Pharaosratte genannt wird; dies Tier wird in den Ebenen während des Sommers überall gefunden. Doch essen sie auch Fleisch jeder Art, von Pferden, Kamelen und sogar von Hunden, wenn diese fett sind. Sie trinken Stutenmilch, welche sie so gut zuzubereiten wissen, daß sie die Eigenschaft und den Wohlgeschmack weißen Weines erhält, und nennen sie dann in ihrer Sprache Kemurs. Ihre Frauen sind die keuschesten und ehrbarsten in der Welt und lieben und ehren ihre Männer gar sehr. Treulosigkeit in der Ehe wird von ihnen als ein ehrloses, niederträchtiges Laster betrachtet. Und auf der anderen Seite ist es bewunderungswürdig, der Männer Freundlichkeit im Umgange mit ihren Weibern zu sehen, unter denen, wenn ihrer auch zehn oder zwanzig sind, unübertreffliche Ruhe und Einigkeit herrscht. Nie hört man eine beleidigende Sprache unter ihnen, und ihre Aufmerksamkeit ist ganz vom Handel und ihren verschiedenen häuslichen Geschäften sowie von der Besorgung des Lebensbedarfs der Familie, der Aufsicht über die Diener und der Sorge für die Kinder, um welche sie sich gemeinschaftlich kümmern, in Anspruch genommen. Um so preiswürdiger sind die Tugenden der Bescheidenheit und Keuschheit bei den Frauen, als es den Männern gestattet ist, so viel Frauen zu nehmen, wie sie wollen. Der Aufwand, den der Mann für sie zu machen hat, ist nicht groß, und auf der anderen Seite ist der Nutzen beträchtlich, den er aus ihrem Handel und aus ihren sonstigen Arbeiten gewinnt; deshalb bezahlt er, wenn er ein Mädchen zur Frau nimmt, den Eltern ein Heiratsgut. Der Frau, welche zuerst geheiratet wird, erweist man die größte Achtung, auch wird sie als die rechtmäßigste betrachtet, was sich auch auf die von ihr geborenen Kinder erstreckt. Infolge dieser unbegrenzten Zahl von Weibern ist die Nachkommenschaft bei ihnen zahlreicher als bei irgend einem anderen Volke. Nach dem Tode des Vaters kann der Sohn alle Weiber, die jener hinterläßt, annehmen, mit Ausnahme seiner eigenen Mutter. Ihre Schwestern können sie nicht zu Weibern nehmen, aber beim Tode ihrer Brüder können sie ihre Schwägerinnen heiraten. Jede Heirat wird mit großer Festlichkeit gefeiert. (...)

Die Tataren haben folgenden Glauben: Sie sagen, es gebe einen Gott, groß und erhaben; diesem verbrennen sie täglich Weihrauch und bringen ihm Gebete zur Erlangung geistiger und körperlicher Gesundheit dar. Auch einen anderen Gott verehren sie, der Natigay heißt und dessen Bild, mit Filz oder Tuch bedeckt, ein jeder in seinem Hause aufbewahrt. Zu diesem Götzen gesellen sie ein Weib und Kinder und stellen jenes zu seiner linken Seite und diese in ehrerbietiger Haltung vor ihm auf. Ihn betrachten sie als die Gottheit, welche sich um ihre irdischen Angelegenheiten kümmert, ihre Kinder schützt und über ihr Vieh und Getreide wacht. Sie erweisen ihm große Verehrung, und bei ihren Mahlzeiten unterlassen sie es nie, ein fettes Stück Fleisch zu nehmen und damit den Mund des Götzen sowie den seines Weibes und seiner Kinder einzuschmieren. Dann gießen sie etwas von der Brühe, in welcher das Mahl bereitet wurde, zur Tür hinaus, als Opfer für die anderen Geister. Ist dieses geschehen, so glauben sie, daß ihr Götze und seine Familie ihren Anteil erhalten haben, und essen und trinken ohne weitere Zeremonie. Die Reichen unter diesem Volke kleiden sich in Gold und Seide mit Zobel, Hermelin und den Pelzen anderer Tiere. Ihre Waffen sind Bögen, eiserne Kolben und zuweilen auch Speere, aber in der ersteren Waffe sind sie am geschicktesten, da sie schon von Kindheit auf sich derselben auch bei ihren Vergnügungen bedienen. Sie tragen Rüstungen aus den dicken Häuten von Büffeln und anderen Tieren, die am Feuer getrocknet und dadurch außerordentlich hart werden. Sie sind tapfer in der Schlacht bis zur Verzweiflung, achten ihr Leben gering und stellen sich ohne Zögern allen Gefahren kühn entgegen. Ihre Natur ist grausam. Sie sind fähig, jede Art Entbehrung zu ertragen, und können, wenn es nötig ist, einen Monat von Milch ihrer Stuten und von solchen wilden Tieren leben, die sie gelegentlich auf der Jagd erbeuten. Ihre Pferde werden nur mit Gras gefüttert und verlangen nicht nach Gerste oder Hafer. Die Männer sind gewöhnt, zwei Tage und zwei Nächte lang auf dem Pferd zu bleiben, ohne abzusteigen, und schlafen so sitzend, während ihre Pferde grasen. Kein Volk auf Erden übertrifft sie an Tapferkeit, keins kann größere Geduld bei Entbehrungen zeigen. Sie sind ihren Führern durchaus gehorsam und werden mit geringen Kosten erhalten. Diese Eigenschaften, denen sie in erster Linie ihre militärische Tüchtigkeit verdanken, haben sie zu Herren der Welt gemacht.

Hans Lemke (Hrsg.):
„Die Reisen des Venezianers Marco Polo im 13. Jahrhundert"

Der Franziskaner Odoric da Pordenone (gest. 1331) blieb während seiner langen Reise nach Asien etwa drei Jahre in der Hauptstadt des Großkhans. Dort hatte er Gelegenheit, die Struktur des Mongolenreichs kennenzulernen und manche Errungenschaften zu bewundern, wie z. B. das Nachrichtensystem. Durch seinen Bericht wurde manches bestätigt, was man Marco Polo nicht geglaubt hatte.

9. Jener Herr aber hält sich im Sommer in einem Gebiet auf, das Sandu genannt wird und kühler ist, als es sonst irgendwo auf der Erde sein möge und jenseits der Berge liegt. Im Winter aber bleibt er in Cambalec, und wenn er von einer Gegend in eine andere reiten will, hält er es auf diese Weise: Er hat nämlich vier Reiterheere. Ein Heer zieht immer eine Tagesreise voraus, das zweite folgt ihm in einer Tagesreise, ähnlich das dritte und vierte, so daß er wie bei einem Kreuz immer in der Mitte geht. Wenn sie aber so gehen, haben alle ihre vor gegebenen Tagesmärsche. Und unterwegs finden sie alles, was zum Essen notwenig ist.

10. Die Leute aber, die zusammen mit ihm gehen, gehen auf folgende Weise einher: Denn jener Herrscher fährt auf einem zweirädrigen Wagen, in dem ein schöner Raum eingerichtet ist, ganz aus Aloe-Holz, mit Gold verziert und obendrein mit großen und schönen Perlen und mit vielen wertvollen Steinen. Diesen Wagen ziehen vier wohlgerüstete und geschmückte Elefanten und obendrein vier herrliche, reich bedeckte Pferde. Und daneben gehen vier Edle, die „Cuche" genannt werden, um den

Wagen zu bewachen und zu verteidigen, so daß nicht irgend etwas den Herrscher verletzt. Darüber hinaus führt er auf dem Wagen zwölf Greiffalken mit sich, die er, wenn er so in seinem Sessel oder Thron sitzt und irgendwelche fliegenden Vögel sieht, hinter diesen herfliegen läßt. Und niemand wagt sich näher als einen Steinwurf an den Wagen heran, außer jenen, die besonders dazu eingeteilt sind. Und so wie der große Herrscher reist, so reisen in einem Abstand auch seine Frauen (...).

11. Und es wäre gleichsam unglaublich, sich jenes Volk vorzustellen, über das jener Herr verfügt. Jene Heere, die dem Herrn vorausziehen, muß man auf ungefähr 50 Tuman festsetzen, die von jenem Herrn alles, was nötig ist, frisch und vollständig erhalten. Und wenn es einem von denen, die zu dieser Zahl gehören, widerfährt zu sterben, wird sofort ein anderer an seinen Platz gestellt, und die Anzahl bleibt immer unverändert.

12. Dieses Reich hat der Herr in zwölf Teile eingeteilt, deren jeder mit dem Zeichen „Zwölf" benannt wird. Einer dieser Teile ist jenes Manci, das 2000 große Städte unter sich hat. Und jenes sein Reich ist so groß, daß einer, der durch jeden Teil reisen will, in sechs Monaten hinreichend zu tun hätte, jedoch ohne die Inseln, die auch 5000 zählen und nicht in Rechnung gestellt wurden. Und damit die Reisenden zu dem, was ihnen nötig ist, gelangen können, läßt der König in seinem ganzen Reich Gaststätten einrichten sowie umzäunte Häuser, die „IAM" genannt werden. In diesen so eingerichteten Häusern aber ist all jenes, was ein Mensch braucht. (...)

1. Wenn es aber in seinem Reich eine Neuigkeit gibt, eilen sofort Boten auf Pferden schnell zu ihm hin. Wenn die Sache schwierig und gefährlich ist, besteigen sie Dromedare. Und wenn sie beginnen, sich einer Gaststätte oder einem solchen Haus dort zu nähern, stoßen sie in ein Horn, bei dessen Klang der Wirt dieser Gaststätte einen Mann sich eilends bereitmachen läßt. Dem übergibt der, der zum Haus kommt, den Brief, den er befördert; und der, der gerade kommt, bleibt in jenem Haus, um sich zu erholen; dann eilt jener, der den Brief schon empfangen hat, schnell zum anderen „IAM", das heißt zum anderen Haus. Und dieser zweite verfährt auf die gleiche Weise wie jener erste; und auf diese Weise erhält der Herrscher an einem normalen Tag eine Neuigkeit von sonst drei Tagesreisen.

2. Als andere Art kann man noch das Aussenden von zu Fuß Gehenden beobachten. Denn in Häusern, die „chidebeo" genannt werden, sind Läufer einquartiert, die beständig dort verweilen und einen Gürtel aus Glöcklein oder Klingeln umhaben. Wenn einer sich einem solchen Haus nähert, beginnt er diese Glöcklein mächtig zu schlagen; dann aber geht jener andere, der im Haus ist, und macht sich eilends bereit und geht zum nächsten Haus, so schnell er kann. Und so hält und beachtet es dieser und die anderen Läufer, so lange, bis man beim großen Khan ankommt. Und so kann nicht das Geringste in seinem Reich geschehen, ohne daß er es sofort oder sehr schnell gründlich weiß.

Zit. n.: Reinhold Jandesek, *„Der Bericht des Odoric da Pordenone über seine Reise nach Asien"*

Christen in Zentralasien und im Mongolenreich

Als christliche Missionare aus Europa unter dem Schutz der Mongolenherrschaft über die Seidenstraße nach Zentralasien vordringen konnten, trafen sie dort für sie völlig überraschend auf Christen, allerdings keine Angehörigen der Römischen Kirche.

Die Verbreitung der christlichen Lehre in den fernen Osten wurde vor allem von den Nestorianern betrieben. Von Persien aus über den Metropolitansitz Merw folgten sie den alten Handelsstraßen. Ende des 5. Jahrhunderts sind unter den Turkvölkern bereits Christen bezeugt. Die Manichäer waren die einzigen Konkurrenten in den nächsten Jahrhunderten, der Islam faßte erst im 9. Jahrhundert in dieser Gegend Fuß.

Über das Christentum in China ist eine wichtige Inschrift in syrischer und chinesischer Sprache auf einer ca. 3 m hohen Marmorsäule erhalten, die 781 in Si-an-fu in der Provinz Schensi in der Mitte des chinesischen Reiches errichtet wurde. Sie bezeugt, daß im Jahr 635 syrische Missionare dort eintrafen. Der Kaiser Tai-tsung sicherte ihnen 638 die freie Ausbreitung ihrer Lehre zu. Diese Blütezeit dauerte bis 845, als man gegen die buddhistischen Klöster vorging und dabei die zoroastrischen und christlichen Mönche ebenfalls verfolgte. In den nächsten 200 Jahren scheint sich diese Situation nicht verbessert zu haben, so daß man für das 11./12. Jahrhundert vom weitgehenden Aussterben des Christentums sprechen kann.

In Zentralasien gab es weiterhin Christen, trotz des Vordringens des Islams. Wir haben Nachrichten aus der Kirgisensteppe, in der Provinz Semiryechensk in Süd-Sibirien fand man nestorianische Kirchhöfe mit Grabsteinen des 9. und 14. Jahrhunderts. Im 11. Jahrhundert sollen 200 000 Kerait-Türken im Süden des Baikalsees bekehrt worden sein. Diese Zahlen sind natürlich mit Vorsicht zu betrachten. Man kann sich vorstellen, daß die relativ kleine Nestorianer-Kirche nicht genügend ausgebildete Kleriker besaß, um in diesen Gebieten eine ordnungsgemäße Kirchendisziplin zu errichten. Die Taufe bedeutete keinesfalls die totale Abkehr der Turkvölker von den Naturreligionen, deren Praktiken wir heute noch vorfinden.

Mit den Mongolen scheinen die Nestorianer sich wieder verstärkt Zugang nach China verschafft zu haben. Denn die Kaufleute und Abgesandten des Westens berichten uns im 13. Jahrhundert über die nestorianische Kirche in China. Nach einigen Anfangsschwierigkeiten gelang es nämlich, die wirtschaftlichen und kirchlichen Beziehungen zu den mongolischen Herrschern zu stabilisieren. Der Franziskaner Wilhelm von Rubruk traf auf seiner Reise nach China (1253 – 1255) an allen Wegstationen bis ins Zentrum von Kathay (Nord-China) auf Nestorianer, deren Bräuche er ausführlich schildert. Marco Polo erzählt ebenfalls an vielen Stellen seiner Berichte von Christen, aber sie interessieren ihn nur am Rande. Wesentlich bessere Informationen erhalten wir z. B. von Riccoldo de Monte Croce, er setzt sich kritisch mit ihnen und ihrer Lehre auseinander. Als sich die Mongolen dann im 14. Jahrhundert dem Islam anschließen, werden die Möglichkeiten des Überlebens für Christen im Fernen Osten immer geringer. Anscheinend blieben die Kerait noch bis ins 15. Jahrhundert hinein christlich, genauere Nachrichten fehlen uns aber darüber.

Ulrich Knefelkamp:
„Die Suche nach dem Reich des Priesterkönigs Johannes"

Neben diesen asiatischen Christen gab es aber auch bereits europäische Christen bei den Mongolen. Allerdings waren sie meist nicht freiwillig dort.

Diese Reisen in der Mongolenzeit waren aber sicherlich keine vereinzelten Unternehmungen, und Vorstöße über Land nach dem fernen Asien werden damals auch manchen anderen Europäern gelungen sein.

Da gab es professionelle Glücksritter, die sich sicherlich schon seit der Mitte des 13. Jahrhunderts in Asien umhertrieben. Unter ihnen waren wohl auch nur Landstreicher, die schon deshalb nichts aufzeichneten, weil sie gar nicht schreiben konnten.

Geographische Interessen haben sie jedenfalls nicht zu ihren Reisen veranlaßt, auch nicht Ruhmsucht oder Bekehrungseifer, aber besessen von der Romantik des Abenteuers fürchteten sie nicht Tod und Sklaverei. Sie wanderten in Ländern herum, denen sie wahrscheinlich verständnislos gegenüberstanden, über die sie aber doch, falls ihnen das Schicksal hold war und sie glücklich aus Asien heimfanden, da und dort das eine oder andere zu berichten wußten.

Ferner gab es im Mongolenreich eine vermutlich nicht kleine Zahl verschleppte christliche Gefangene. Daß Westländer in der zweiten Hälfte des 13. Jahrhunderts, oft nur gezwungen, die Weiten Asiens zu einer Art zweiten Heimat gemacht hatten, ist belegt. Sie waren Handwerker, Arbeiter oder wickelten kleine Handelsgeschäfte ab.

Die Reisenden aus Europa, die die Mongolenfürsten noch in ihrem alten Sitz bei Qara Qorum aufgesucht hatten, hatten dort manche

Bewohner aus dem Abendland kennengelernt.

In Talas im Alatau-Gebirge lebten zahlreiche Deutsche, die für die Mongolen nach Gold gruben und Waffen für sie herstellten, anscheinend ein verschlepptes siebenbürgisches Bergarbeiterdorf. Durch Rubruck hören wir auch von einer Frau aus Metz in Lothringen, die mit einem Russen verheiratet war; von einem Pariser, der eine Ungarin zur Frau hatte und als Goldschmied tätig war; dann von einem Deutschen, dessen drei Kinder Rubruck taufte, und schließlich von dem Sohn eines Engländers, der in Ungarn geboren war.

Warum sollten nicht zu Qubilais Zeit auch in China Europäer gelebt haben? Bei der Beschreibung von „Khanbaliq" (Peking) erwähnt Marco Polo die Herbergen für ausländische Kaufleute und nennt im einzelnen eine für die Lombarden, eine für die Deutschen und eine dritte für die Franzosen. Unter den Astrologen von Peking werden ausdrücklich Christen und diese an erster Stelle genannt. Eine der wichtigsten Persönlichkeiten im Mathematischen Kollegium und zugleich der Chef der Medizinischen Abteilung am Hof soll ein Grieche gewesen sein, und angeblich hat ein deutscher Maschinenmeister mitgeholfen, die Stadt Siang-yang-fu anzugreifen.

Weder von diesen noch von anderen Abendländern in China außer den Polos ist aus dieser Zeit auch nur eine Zeile auf uns gekommen.

Alfons Gabriel:
„Marco Polo in Persien"

Der berühmteste Christ, den die Europäer in Asien suchten, war der Priesterkönig Johannes von Indien, wobei „Indien" das äußerste Reich im Osten der Erde war. Im 12. Jahrhundert soll er angeblich einen Brief geschrieben und angeboten haben, Jerusalem zurückzuerobern. Als Dschingis-Khan islamische Heere schlug, glaubte man im christlichen Orient, daß ein neuer David, eben der Priesterkönig Johannes, gekommen sei. Diesen mächtigen Herrscher über ein wunderbares Reich in Zentralasien wollten die Europäer als Partner gegen den Islam gewinnen und versuchten, ihn auf ihren Reisen zu finden. Jeder von ihnen brachte eine andere Version mit.

Die Legende vom Presbyter Johannes gab er (Carpini) ebenfalls wieder. Nach seiner Version schickte Dschingis-Khan einen Sohn mit einem Heer nach Indien. Dort errang er einen vollständigen Sieg über die Bewohner Klein-Indiens, die schwarzen Sarazenen, die Äthiopier genannt wurden. Dann zog das Heer weiter gegen die Christen in Groß-Indien. Als dies der König des Landes, der im Volk Presbyter Johannes hieß, hörte, rückte er ihm mit seiner ganzen Streitmacht entgegen. Er ließ Puppen in Menschengestalt aus Kupfer anfertigen, setzte sie auf Pferde, tat Feuer hinein und setzte hinter jede Puppe einen Mann mit Blasebalg. Durch die Masse dieser reitenden Puppen gerieten die Mongolen in große Verwirrung, wurden aus dem Land verjagt und kehrten niemals zurück.

Johannes hat altbekannte Motive zu einer Geschichte zusammengefügt. Die kupfernen Puppen erinnern an die ehernen Statuen, die Alexander gegen die Elefanten des indischen Königs Porus antreten ließ. Im Gegensatz zur Meinung anderer Autoren schlägt bei Johannes der Presbyter Johannes die Mongolen in die Flucht. So konnte der Mythos vom unbesiegten christlichen König im Osten am Leben bleiben. (...)

Eine andere Version der Presbyter-Johannes-Legende lautet: Der Presbyter Johannes lebte als mächtiger nestorianischer Hirte unter dem mongolischen Volk der Naiman. Als er zum König erhoben wurde, nannten ihn die Nestorianer König Johannes und erzählten über ihn zehnfach mehr, als der Wahrheit entsprach. Als Wilhelm durch seine Weidegründe zog, wußte niemand etwas über den Presbyter Johannes, nur die Nestorianer. Der Presbyter Johannes hatte einen Bruder namens Unc, ebenfalls ein mächtiger Hirte. Er herrschte über nestorianische Christen, war aber selbst ein Götzenanbeter (Buddhist?). Dieser Bruder beerbte den König Johannes und ließ sich Khan nennen. Später besiegte ihn Dschingis-Khan und nahm dessen Tochter zur Frau.

Wir finden in dieser Geschichte eine Vermischung von Realität und Legendenbildung. Es gab die christlichen Naiman, den Ung-Khan als Führer der Kara-Khitai und Dschingis-Khan, der seinen großen Siegeszug durchführte. Weiterhin ist anzunehmen, daß Wilhelm die Überlieferung vom Presbyter Johannes kannte, obwohl er sie allein den Nestorianern zuschreibt. Dies liegt aber in der Tendenz seines Berichtes. Denn überall wird er mit den Nestorianern konfrontiert. Sein Vorwurf, daß die Nestorianer bei ihrer Erzählung des Presbyters Johannes maßlos übertreiben, scheint demnach nicht eine Kritik an der Tradition um den Presbyter Johannes zu sein, als vielmehr gegen die Nestorianer gerichtet. (...)

Wahrscheinlich hat er andere Berichte, z. B. den des Wilhelm von Rubruk, gekannt, zumindest lassen sich Beeinflussungen in der Darstellung des Presbyters Johannes nachweisen: Die Tartaren waren einem mächtigen Fürsten tributpflichtig, der in ihrer Sprache Unc-Khan hieß, d. h. Presbyter Johannes. Als Dschingis-Khan zur Macht gekommen war, schickte er Gesandte an den Hof des Presbyters Johannes, um dessen Tochter zu verlangen. Nach Abschlag seiner Forderung trat er in der Ebene Tenduk mit einem großen Heer gegen ihn an, schlug den Presbyter Johannes und heiratete dessen Tochter. Die Nachkommen des Presbyters Johannes leben noch in der östlichen Provinz Tenduk als von den Mongolen abhängige Herrscher und regieren die Völker Gog und Magog. Der jetzige König heißt Georg, ist Christ und Priester. Er erhält sein Königreich vom Groß-Khan als Lehen sowie Prinzessinnen der königlichen Familie als Frauen. Der größte Teil der Einwohner ist christlichen Glaubens, auch die Regierung des Landes liegt in christlichen Händen.

Wir haben hier eine völlig neue Variation des Themas vor uns. Im Stil einer italienischen Novelle ähnlich, erzählt Marco Polo vom Presbyter Johannes. Als alte Elemente tauchen der Name Ung-Khan und die Völker Gog und Magog auf, dazu die Geschichte von Dschingis-Khans Heirat mit der Tochter des Presbyters

Johannes. Neu ist, daß die Nachfolger des Presbyters Johannes noch als Könige und Priester leben.

Marco Polo greift die abendländische Überlieferung auf und verbindet sie mit Erzählungen christlicher Kreise in China über ein Herrschergeschlecht der Provinz Tenduk. Die Legende des Presbyters Johannes wird durch Marco Polo am Ende des 13. Jahrhunderts aktualisiert, aber von der übermächtigen und reichen Gestalt des 12. Jahrhunderts ist nichts mehr übriggeblieben. (…)

Odoricus erzählt, daß er bei seiner Rückreise nach 50 Tagesreisen in das Land Pretezoah (Pretegianni) kam. Nach einer Vereinbarung erhält Presbyter Johannes eine Tochter des Groß-Khans zur Frau. Sicher ist hier das Land gemeint, das auch Marco Polo und Johannes de Monte Corvino erwähnten. Die Tradition war also noch aktuell und wurde zur gleichen Zeit, aber auch in späteren Jahren, von einigen anderen Autoren weiterhin überliefert. (…)

Nachdem er schon vorher an mehreren Stellen den Presbyter Johannes erwähnt hat, beschreibt er in Kap. 27 den Staat des Presbyters Johannes nach dem Presbyter-Brief: „Von dem großen und edlen Kaiser von India, dessen Land aber nicht so groß ist wie das Reich des Groß-Khans." Der Presbyter Johannes nimmt die Tochter des Groß-Khans zur Frau und der Groß-Khan dessen Tochter. Wie die meisten seiner Untertanen ist der Presbyter Johannes Christ, hält sich aber nicht an die zwölf Artikel der Römischen Kirche. Er regiert über 72 Könige, sein Land ist friedlich und reich. Doch die Kaufleute fahren eher nach Kathay (China), weil der Seeweg und Indien voller böser Tiere sind und der Stein Adamas alles Eisen an sich zieht, d. h. die Schiffe können nicht mehr weiter. Deshalb ziehen die Kaufleute übers Land durch Persien nach Indien. Obwohl man für die Reise nach Kathay 12 Monate benötigt und Gewürze, Gold und Seide dort teuer sind, bevorzugen sie die Fahrt nach Kathay. Zu den Wundern im Land des Presbyters Johannes zählen das Sandmeer, sprechende Sittiche in der Wüste, der Palast voller Edelsteine und Gold und die tägliche Speisung von 30000 Menschen. Man durchquert in vier Monaten nicht sein Land, und er hat wohl 6000 Inseln unter sich.

Schließlich kommt Mandeville zur Erklärung des Namens „Priester Johannes" (Kap. 29): Der mächtige Kaiser von Indien wollte sehen, wie man im christlichen Glauben den Gottesdienst beging. Er kam mit seiner Gesellschaft in die Kirche in Alexandria und fragte, was das für Leute seien, die vor dem Prälaten standen. Die Ritter antworteten, es seien Priester. Daraufhin wollte der Kaiser nur noch Priester heißen und den Namen des Priesters annehmen, der als erster aus der Kirche ging. Dieser Priester hatte den Namen Johannes. Seit dieser Zeit ließ sich der Kaiser von Indien „Priester Johannes" nennen. Mandeville folgt mit seiner Schilderung der alten Tradition, indem er den Presbyter Johannes als Kaiser von Indien darstellt. Auch alle wunderbaren Dinge Indiens werden dem Publikum wieder nahegebracht. Die Aussage des Presbyter-Briefes bietet er durchaus als aktuelle Information an. Dazu kommen Geschichten, die Kaufleute und Seefahrer über Meeresungeheuer und den Magnetberg im Indischen Ozean erzählen. Interessant ist, daß er auf diese Weise begründet, warum die Kaufleute eher nach China als nach Indien fahren. In diesem Zusammenhang sind auch die häufigen Hinweise zu sehen, daß der Groß-Khan in China mächtiger und sein Land größer ist. Die Macht des Presbyters Johannes hat also auch bei ihm schon ihren Glanz verloren, was ja der Realität der politischen Kräfte entsprach, während das Wunderbare weiterhin von Bedeutung ist.

Ulrich Knefelkamp:
„Die Suche nach dem Reich des Priesterkönigs Johannes"

War der Priesterkönig Johannes noch Legende, so kam es bei der Konfrontation mit den Nestorianern doch zu echten Konflikten. Diese fürchteten um ihre Stellung beim Großkhan, als in Peking ein katholisches Erzbistum eingerichtet wurde. Der in der Kunst des Disputs geschulte Franziskaner Wilhelm von Rubruk forderte sie schließlich zu einem Streitgespräch heraus.

So waren wir also am Vorabend von Pfingsten in unserem Gebetshaus versammelt. Mangu-Khan schickte drei Sekretäre, die als Schiedsrichter tätig sein sollten, nämlich einen Christen, einen Sarazenen und einen Götzendiener. Uns wurde laut verkündet: „Dies ist der Befehl Mangus. Niemand wage zu behaupten, Gottes Gebot sei ein anderes. Er befiehlt, daß sich bei Todesstrafe niemand unterstehen solle, gegen die andere Partei streitsüchtige oder kränkende Worte zu gebrauchen noch einen Tumult vom Zaune zu brechen, der diese Verhandlung stören würde." Darauf schwiegen alle. Es hatten sich viele Leute eingefunden; denn jede Partei hatte ihre klügsten Köpfe mitgebracht, und außerdem waren da noch zahlreiche andere Leute zusammengeströmt.

Die Christen stellten mich nun in die Mitte und forderten die Götzenanbeter auf, mit mir zu disputieren. Da begannen sie, nachdem sich von ihnen eine große Menge eingefunden hatte, gegen Mangu-Khan zu murren, weil es noch nie ein Khan versucht hatte, eine Untersuchung ihrer Religionsgeheimnisse anstellen zu lassen. Dann aber stellten sie mir einen gegenüber, der aus Cathai gekommen war und seinen eigenen Dolmetscher mitgebracht hatte. Mir stand der Sohn des Meisters Wilhelm zur Verfügung. Der Götzenanbeter sprach mich an: „O Freund, wenn du in die Enge getrieben sein solltest, so wirst du wohl einen Klügeren als dich suchen müssen." Ich schwieg. Weiter fragte er danach, worüber ich zuerst disputieren wolle, etwa wie die Welt entstanden wäre oder was mit den Seelen nach dem Tode geschehe. Ich entgegnete ihm: „Damit, mein Freund, darf unser Gespräch nicht beginnen. Alles ist von Gott. Er selbst ist die Quelle und das Haupt von allem. Daher müssen wir zuerst von Gott reden, über den ihr ja anderer Ansicht seid als wir. Mangu-Khan aber will wissen, wer von uns den richtigeren Glauben hat." Nach diesen Worten entschieden sich die Schiedsrichter für meinen Vorschlag.

Mit ihren Fragen hätten sie gerne begonnen; denn sie halten sie für die wichtigsten. Diese Leute bekannten sich nämlich alle zu jener manichäischen Häresie, nach der die eine Hälfte aller Dinge böse, die andere gut ist und wenigstens zwei wirkende Kräfte bestehen. Schließlich glauben sie auch an eine Seelenwanderung. Selbst ein sehr weiser nestorianischer Priester fragte mich einmal, ob die Seelen der unvernünftigen Tiere irgendwo eine Zufluchtsstätte hätten, wo sie nach ihrem Tod nicht mehr zur Arbeit gezwungen werden könnten. Zur Bekräftigung dieses Irrglaubens wurde sogar, wie mir Meister Wilhelm erzählte, ein Knabe aus Cathai vorgeführt, der von der Statur her kaum drei Jahre alt war. Dennoch war er bereits in vollem Besitz aller geistigen Kräfte und sagte von sich, daß er schon dreimal in einem Körper gewesen wäre. Auch verstand er zu lesen und zu schreiben.

Ich sagte also zu jenem Götzendiener: „Wir glauben festen Herzens und bekennen es auch mit dem Munde, daß Gott ist und daß es nur einen Gott gibt, und zwar nur einen in vollkommener Einheit. Woran glaubt ihr?"

Er antwortete: „Nur die Toren sagen, daß es nur einen Gott gibt. Die Weisen hingegen sprechen von mehreren Göttern. Gibt es nicht in deinem Land große Herrscher, und ist hier nicht Mangu-Khan der größte Herrscher? So verhält es sich auch mit den Göttern. In dem einen Land sind sie so, in dem anderen Land eben anders." Darauf warf ich ein: „Du bringst ein schlechtes Beispiel oder Gleichnis von den Menschen in ihrem Verhältnis zu Gott. Auf diese Weise könnte jeder Mächtige in seinem Land ein Gott genannt werden." Als ich dabei war, seine Lehre zu zerpflücken, kam er mir mit der Frage zuvor: „Wie ist denn dein Gott beschaffen, von dem du sagst, daß er nur ein einziger ist?"

Ich erklärte: „Unser Gott, neben dem es keinen anderen gibt, ist allmächtig und bedarf deshalb keines Beistandes eines anderen. Vielmehr bedürfen wir alle seiner Hilfe. Nicht aber verhält es sich so mit den Menschen. Kein Mensch kann alles, und deshalb muß es mehrere Herrscher auf Erden geben, weil keiner alles zu tragen imstande ist. Ebenso weiß Gott alles, und daher benötigt er keinen Ratgeber. Vielmehr kommt alle Weisheit von ihm. Gleichermaßen ist er im höchsten Grade gut und bedarf nicht unserer Güter. So ist unser Gott beschaffen, und aus diesem Grund darf man keinen anderen neben ihn setzen."

Der Götzendiener jedoch antwortete: „So ist es nicht. Vielmehr ist einer der höchste im Himmel, dessen Ursprung uns bis jetzt noch unbekannt ist. Unter ihm sind zehn andere und darunter wieder ein nicht so mächtiger. Auf der Erde gibt es Götter ohne Zahl." Als er noch andere Fabeln von sich geben wollte, fragte ich ihn nach jenem höchsten Gott, ob er denn von ihm glaube, daß er allmächtig sei, oder ob er dies von einem anderen Gott glaube. Da er darauf wohl keine Antwort wußte, kam er mit einer Gegenfrage: „Wenn dein Gott so ist, wie du es sagst, warum macht er dann die Hälfte der Dinge schlecht?" „Das ist nicht richtig", erklärte ich, „denn wer das Böse geschaffen hat, ist nicht Gott, und alles, was ist, ist gut."

Über dieses Wort verwunderten sich alle Götzendiener. Sie schrieben es sich gleichsam als etwas Falsches oder Unmögliches auf. Da fragte jener wieder: „Woher stammt denn das Böse?" Ich antwortete ihm: „Deine Frage ist nicht richtig gestellt. Zunächst mußt du fragen, was das Böse überhaupt ist, bevor du fragst, woher es kommt. Aber bleibe nur bei meiner ersten Frage, ob du nämlich glaubst, daß irgendein Gott allmächtig ist. Dann werde ich dir auf alles antworten, was du zu fragen gedenkst."

Lange saß er schweigend da und wollte wohl nicht antworten, bis ihm schließlich die im Auftrag des Khans zuhörenden Sekretäre befehlen mußten, eine Antwort zu geben. So erwiderte er endlich: „Kein Gott ist allmächtig." Da brachen die Sarazenen in schallendes Gelächter aus. Als wieder Ruhe eingekehrt war, sagte ich: „Demnach vermag dich keiner deiner Götter aus aller Gefahr zu retten, da doch der Fall eintreten kann, daß er nicht die Macht dazu besitzt. Außerdem kann niemand zwei Herren dienen. Wie solltest du denn so vielen Göttern im Himmel und auf Erden dienen können?"

Die Zuhörer forderten ihn zur Antwort auf, doch er blieb stumm. Als ich nun Beweise für die Einheit des göttlichen Wesens und für die Dreieinigkeit vor allen Anwesenden bringen wollte, sagten mir die dortigen Nestorianer, daß ich genug geredet hätte und sie nun ihrerseits zu Worte kommen wollten. Daraufhin überließ ich ihnen meinen Platz.

Als sie nun ein Streitgespräch mit den Sarazenen beginnen wollten, antworteten ihnen diese: „Wir geben zu, daß eure Religion wahr ist und daß auch alles wahr ist, was im Evangelium steht. Deshalb wollen wir auch über keinen Punkt mit euch streiten." Und sie bekannten, daß sie in allen ihren Gebeten Gott bitten, er möge sie so wie die Christen aus dem Leben scheiden lassen.

Unter den Anwesenden befand sich auch ein sehr alter Priester aus der Sekte der Uiguren, die nur zu einem Gott beten, obwohl sie sich Götzenbilder machen. Mit ihm sprachen die Nestorianer sehr ausführlich. Sie erzählten ihm alles bis zur Ankunft des Antichrists auf Erden und bewiesen ihm wie auch den Sarazenen durch Vergleiche die Dreieinigkeit. Ohne Widerspruch hörten ihnen alle zu, aber kein einziger sagte: „Ich glaube und will Christ werden."

Am Ende dieses Gesprächs stimmten die Nestorianer und die Sarazenen laut einen Gesang an, während die Götzendiener stumm blieben. Ein allgemeines Zechgelage bildete den Abschluß.

Wilhelm von Rubruk:
„Reisen zum Großkahn der Mongolen"

Exotisches und Kurioses in den Berichten der Reisenden

Das wichtigste exotische Handelsgut aus Asien war die Seide. Nach der Errichtung des Mongolenreichs konnten europäische Kaufleute zum ersten Mal direkt in die östlichsten Gebiete der Seidenproduktion gelangen und dort die begehrte Ware handeln. Sowohl der Kaufmannssohn Marco Polo als auch der berühmte arabische Reisende Ibn Battuta erzählten in ihren Berichten von der Seide.

Die Seide nahm inzwischen meistens einen anderen Weg zum Mittelmeer. Wenn sie nicht sowieso auf dem Seeweg China–Indien transportiert wurde, dann verschiffte man die Seide in den persischen Häfen und brachte sie durchs Rote Meer nach Alexandria. Die Verlagerung des politischen Schwerpunktes des Islams nach Ägypten unter Fatimiden, Aiyubiden und Mamluken förderte den Aufstieg Alexandrias zum Hauptumschlagplatz für Orientwaren, während die meisten Levantehäfen noch in christlicher Hand waren. Seine herausragende Stellung behielt Alexandria auch nach der islamischen Rückeroberung der Levante.

Das zweite Phänomen, das die damalige Welt und den Welthandel in großem Umfang veränderte, war der Aufbruch der Mongolen. Unter ihrem Führer Dschingis-Khan (1155 – 1227) errichteten sie ein riesiges Reich, das sich später von der Ukraine bis zur Pazifik-Küste erstreckte. Die sogenannte „Pax Mongolica“ ermöglichte den Aufschwung des Handels mit China auf dem Landweg über Zentralasien. Nach den Missionaren gelang es im 13. Jahrhundert italienischen Kaufleuten, den Brüdern Polo, die Hauptstadt des Großkhans zu erreichen. Auf ihrer zweiten Reise begleitete sie der junge Marco Polo (1254 – 1324), der über 17 Jahre im Dienst des Großkhans Kubilai (1214 – 1294) in China blieb. In seinem Reisebericht sind viele Nachrichten über Seidenproduktion und -handel enthalten: In Kleinarmenien kaufen in der Hafenstadt Ajas (Paias) Venetianer und Genuesen u. a. Seidenwaren ein; in Turkmenien (Rum-Seldschuken) werden Teppiche geknüpft und Seidenstoffe in Karmesin und anderen Farben gewebt, in Georgien wird viel Seide hergestellt und seidene, golddurchwirkte Stoffe werden gefertigt, am Kaspischen Meer hört Marco Polo, daß genuesische Kaufleute dorthin kommen, um Seide zu holen; alle die Stoffe, die Musselin genannt werden, werden in Mossul hergestellt; in Baldach (Bagdad) werden golddurchwirkte Stoffe hergestellt, außerdem Damast und mit Tierfiguren verzierter Samt; in Tauris werden verschiedene Arten von Seidenstoffen hergestellt, von denen einige mit Gold durchwirkt sind und hoch bezahlt werden; Kaufleute aus Indien, von Bagdad, Mossul und Cremessor und verschiedenen Teilen Europas kommen hierhin; in den Städten Persiens trifft man Kaufleute und Handwerker, die viele aus Gold und Seide gewirkte Stoffe herstellen; in der Provinz Kirman fertigen Frauen und Mädchen Stickereien aus Gold und Seide, die vornehmen Leute als Vorhänge, Decken und Kissen dienen; der Hafen der Stadt Ormus (Hormuz) wird von Kaufleuten aus allen Gegenden Indiens besucht, die u. a. Gold- und Seidengewebe mitbringen; bei den Tanguten werden die Toten in einen Sarg gelegt und mit Seide bedeckt; zum Geburtstag legt der Großkhan ein kostbares golddurchwirktes Gewand an, und 20000 Fürsten, Edle und Oberhauptleute werden mit Gewändern bekleidet, die zwar nicht ganz so prächtig sind, aber aus Seide und von goldschimmender Farbe; als Handelsplatz übertrifft Kambalec (Hauptstadt) alle anderen Handelsplätze der Welt, denn nicht weniger als tausend Wagen und Packpferde, die nur mit roher Seide beladen sind, ziehen täglich in die Stadt ein, während hierselbst goldene Gewebe und Seidenstoffe aller Arten in riesigen Mengen produziert werden; an die Malabarküste Indiens bringen Schiffe aus Manji (Südchina) Goldbrokat, Seide, Gaze, Gold- und Silberstangen und alle die Spezereien, die es hier nicht gibt. Es leben Kaufleute in Malabar, welche die Waren, die von Manji kommen, weiter nach Aden schaffen, von wo aus sie dann nach Alexandria transportiert werden.

Die verschiedenen Informationen aus dem Bericht Marco Polos geben ein deutliches Bild von dem Weg der Seide im 13. Jahrhundert von ihrem Ursprungsland China bis nach Alexandria einerseits und von der großen Verbreitung der Seidenproduktion in Persien und im Vorderen Orient andererseits. Interessant ist auch der Hinweis, daß die Genuesen bis zum Kaspischen Meer ziehen, um dort Seide zu holen.

Aus dem 14. Jahrhundert lieferte uns der berühmte arabische Reisende Ibn Battuta (1304–1377) ähnliche Nachrichten wie Marco Polo. Der Araber erwähnt oft Seidengewänder als Geschenke an Untergebene oder Könige und Fürsten anderer Staaten Asiens. In China selbst gibt es nach seiner Beschreibung Seide in Massen, denn die Würmer, die sie hervorbringen, brauchen keine besondere Pflege. Sogar die Armen und Notleidenden bekleiden sich mit ihr. Dagegen fehlt Baumwolle, so daß man ein Baumwollgewand gegen mehrere Seidengewänder tauschen kann. Ein Zeitgenosse Ibn Battutas, der Florentiner F. B. Pegolotti, schrieb zwischen 1310 und 1340 das klassische Buch über den mittelalterlichen Fernhandel. Für eine Handelsreise nach China gibt er folgende Hinweise: Nachdem man von Italien aus das Schwarze Meer erreicht hat, zieht man vom Asowschen Meer mit Ochsen- und Pferdewagen nach Astrachan, dieser ganze Weg wird von den Mongolen bewacht. Von Astrachan kann man über die Nordroute nach Zentralasien und China gelangen. Dort wird dem europäischen Kaufmann das mitgebrachte Silber in chinesisches Papiergeld umgetauscht, mit dem er dann Seide kaufen kann. Allerdings könnte er sie auch gegen feines Leinen eintauschen.

Ulrich Knefelkamp:
„Die Handelswege kostbarer Textilien nach Mitteleuropa vom 10. bis 15. Jahrhundert"

Der Franziskaner Odoric da Pordenone hatte eine gute Beobachtungsgabe und gab immer wieder Hinweise auf Seide und andere Produkte des Landes. Fasziniert scheint er von der exotischen Pracht gewesen zu sein, die der Großkhan in seiner Hauptstadt entfaltete.

6. Nachdem ich so auf diesem Fluß viele Tage Richtung Osten ging und viele Gebiete und Städte durchquerte, kam ich zu einer Stadt, die Sucumato genannt wird. Diese Stadt hat einen größeren Überfluß an Seidenstoffen als sonst eine auf der Erde. Denn von der teuereren Seide erhält man dennoch 40 Pfund für weniger als den Wert von 8 Solidi. In ihr gibt es auch eine große Menge an allen Handelswaren; ähnlich auch Brot und alle anderen Güter.

7. Dann ging ich von dieser Stadt weg und durchquerte viele Städte und Gegenden und kam zu einer vorzüglichen Stadt, die Cambalec genannt wird. Diese Stadt ist sehr alt und ehrwürdig und liegt in der Provinz Catay; diese Stadt haben die Tartaren eingenommen. (...)

1. Neben dieser haben sie eine halbe Meile entfernt eine andere Stadt mit dem Namen Taydo gebaut. Diese hat zwölf Tore; jedes beliebige dieser Tore liegt zwei Meilen vom anderen entfernt, und der Raum zwischen beiden Städten ist gut bevölkert. Der Umfang dieser beiden Städte beträgt mehr als 40 Meilen.

2. Jener große Khan hat in dieser Stadt seinen Sitz, wo er auch seine eine große Palastanlage hat, deren Mauerumfang gut vier Meilen beträgt.

Innerhalb dieser sind viele verschiedene Paläste. Im Hof dieser Palastanlage ist ein künstlicher Berg, auf welchem ein anderer Palast erbaut ist, der der schönste auf Erden ist. Dieser Berg ist auch mit Bäumen bepflanzt; deshalb wird er „Grüner Berg" genannt. Auf einer Seite dieses Berges ist ein See geschaffen; zu seiner Überquerung ist eine sehr schöne Brücke gemacht. In diesem See sind so viele Waldgänse, Enten und Schwäne, daß es wunderbar ist. Und wenn der Herr will, kann er jagen, ohne das Haus bzw. die Stadt zu verlassen. In diesem Palast gibt es auch Parkanlagen, voll von verschiedenen Tierarten, die er, wenn er will, jagen kann, ohne das Haus zu verlassen.

3. Sein eigener Palast, in dem er seinen Sitz hat, ist sehr groß und schön; er erstreckt sich über ein Gebiet von zwei Meilen. Im Innern hat er 24 goldene Säulen. Alle Wände sind mit rötlichen Fellen bedeckt, von denen man sagt, daß es die vortrefflichsten sind, die es heute auf der Erde gibt. In der Mitte des Palastes aber befindet sich eine große „Pigna", die mehr als zwei Schritte hoch ist, die ganz aus einem wertvollen Stein mit dem Namen Merdicas besteht. Sie ist auch ganz von Gold umhüllt, und in jeder ihrer Ecken ist eine Schlange aus Gold, die sehr stark den Kopf stößt. Diese „Pigna" hat auch ein Netz aus großen Perlen, die an ihr herabhängen; dieses Netz ist gut eine Spanne weit. Durch diese „Pigna" wird über Leitungen ein Getränk geführt, das im Hof aufbewahrt wird. Neben dieser „Pigna" stehen immer viele goldene Gefäße, mit denen alle, die trinken wollen, trinken. In diesem Palast gibt es auch viele Pfauen aus Gold. Wenn einer der Tartaren seinem Herrn eine Freude machen will, dann klatschen sie dort in die Hände, worauf die Pfauen ihre Flügel ausbreiten, und sie scheinen zu frohlocken. Dies aber geschieht entweder durch teuflische Kunst oder durch eine geistreiche unterirdische Macht.

4. Wenn der Herrscher auf seinem Thron sitzt, sitzt zu seiner Linken die Königin und eine Stufe tiefer verweilen zwei Frauen, die er sich hält. Darunter aber bleiben alle anderen Verwandten des Herrn. Alle jene, die verheiratet sind, haben auf ihrem Kopf den „Fuß eines Menschen" (pedem hominis), gut eineinhalb Arme lang. An jenem „Fuß" sind unten am Rand Kranichfedern, und jener „Fuß" ist ganz mit großen Perlen geschmückt, und wenn es auf der Welt große und schöne Perlen gibt, so sind es diese als Schmuck dieser Herrinnen. Zur Rechten des Herrschers aber verweilt sein erstgeborener Sohn, der nach ihm regieren muß. Tiefer als sie aber verweilen alle, die von königlichem Blut sind. Es sind auch vier Schreiber dort, die alle Worte, die der Herrscher sagt, aufschreiben. In seinem Blickfeld stehen seine Edlen und unzählig viele andere, und keiner von ihnen wagt es, auf irgendeine Weise zu sprechen, wenn er nicht vom großen Herrn aufgefordert wird, ausgenommen jene Schauspieler, die ihren Herrn erfreuen wollen. Dennoch wagen diese Schauspieler es nicht, etwas anderes als das zu machen, was der Herrscher ihnen auferlegt hat.

5. Vor der Tür dieses Palastes stehen Edle Wache und schauen, daß keiner die Schwelle berührt, was sie bei einem, der dabei entdeckt werden würde, scharf züchtigen würden.

6. Wenn aber der Herr ein großes Gastmahl machen lassen will, hat er 4000 Edle bei sich, die ihm beim Gastmahl mit Kronen auf dem Haupt dienen, und jeder hat ein solches Kleidungsstück auf dem Rücken, daß allein die Perlen an jedem mehr als 15000 Gulden wert sind.

7. Sein Hofstaat ist bestens geordnet, nämlich in Zehner-, Hunderter- und Tausendschaften. Und sie alle sind untereinander so geordnet und ergänzen sich gegenseitig, daß keiner in irgendeiner Weise findet, daß eine Pflicht nicht berücksichtigt wird.

8. Ich, Br. Odoric, bin in dieser Stadt ungefähr drei Jahre gewesen und

bin vielfach bei diesen seinen Festen dabeigewesen. Denn wir Franziskaner haben in diesem seinem Hofstaat einen zugewiesenen Platz, und so steht es uns immer offen, hinzugehen und ihm unseren Segen zu geben. Und ich habe sorgfältig Christen, Sarazenen, alle verschiedenen Götzenanbeter und auch von den unsrigen zum Glauben Bekehrte um Auskunft gebeten und gefragt, weil an jenem Hof große Edle sind, die sich nur um die Person des Herrschers kümmern, und diese haben alle einmütig gesagt, daß ihm gut 30 Tuman Schauspieler zur Verfügung stehen, wobei ein Tuman 10 000 Schauspieler ausmacht. Andere, das sind gut 15 Tuman, kümmern sich um die Hunde, Waldtiere und Vögel. An Ärzten aber kümmern sich um die Person des Herrschers 400 Götzenanbeter, aber auch acht Christen und ein Sarazene. Diese alle bekommen all das, was notwendig ist, ganz vom Hof des Herrschers, dessen übrige Dienerschaft dort zahllos ist.

Odoric hält sich in der Regel an die Realität, aber an einigen Stellen schließt er sich doch den üblichen Mythen an, wie z. B. in seiner Schilderung der Menschenfresser auf den Inseln im Indisch-Chinesischen Meer.

Kap. 18: Dandin (Andamanen?)
1. Ich ging von dieser Insel weg und machte mich Richtung Süden auf und zu einer bestimmten großen Insel, die Dandin genannt wird, was gleichbedeutend ist mit Unrein. Auf jener Insel halten sich schlechte Menschen auf, denn sie verzehren rohe Hunde und alles Unreine, das genannt werden kann.

2. Untereinander haben sie eine sehr schädliche Gewohnheit, denn der Vater verzehrt den Sohn, der Sohn den Vater, die Gattin den Gatten, der Gatte die Gattin. Und zwar auf folgende Weise: Angenommen nämlich, daß der Vater eines von ihnen erkrankt, geht der Sohn daraufhin zum Sternkundigen, d. h. zum Priester, und sagt dann folgendes: „Herr, geht, um von unserem Gott zu erfahren, ob mein Vater geheilt werden kann oder sterben wird." Dann gehen

der Priester und jener, dessen Vater krank ist, zu ihrem Götzen, der aus Gold oder Silber ist, sprechen ihm Gebete und sagen: „Herr, du bist unser Gott, den wir als unseren Gott verehren, antworte uns auf das, was wir dir sagen. Der so beschaffene Mann ist sehr krank, deshalb fragen wir dich, ob er an dieser Ermattung sterben muß oder von ihr geheilt wird." Dann antwortet ein Dämon durch den Mund dieses Götzen und sagt: „Dein Vater wird nicht sterben, sondern von dieser Krankheit befreit werden; und du mußt folgendes machen, und er wird befreit sein." So unterrichtet ihn der Dämon, welches Verhalten er seinem Vater gegenüber einhalten muß.

3. Darauf geht der Sohn zum Vater und umhütet ihn sorgfältig, bis er ganz gesund ist. Wenn aber jener Dämon sagt, daß er sterben muß, geht der Priester zu ihm und legt ein Tuch auf seinen Mund, so daß er sofort erstickt und stirbt. Sofort nachdem sie ihn so getötet haben, zerschneiden sie ihn und laden zu seiner Verspeisung Freunde, Verwandte und alle Schauspieler der Gegend ein, und sie verspeisen ihn unter Gesängen und mit großer Freude. Doch wenigstens nehmen sie seine Knochen und legen sie mit großer Feierlichkeit unter die Erde. Die Verwandten aber, die nicht bei dieser Feier waren, rechnen es sich zur größten Scham an.

4. Diese habe ich sehr getadelt mit den Worten: „Warum macht ihr das, denn was ihr macht, ist gegen jede Vernunft. Denn wenn irgendein Hund getötet und so vor einen anderen Hund gelegt wird, frißt dieser durchaus nicht von jenem; noch viel weniger ihr, die ihr als denkende Menschen angesehen werdet." Darauf antworteten sie mir: „Das machen wir, damit nicht die Würmer sein Fleisch fressen. Wir essen sein Fleisch, damit seine Seele keiner Qual unterworfen ist. Denn wenn Würmer sein Fleisch fressen, würde seine Seele große Qualen erdulden." Und so konnte ich sagen, soviel ich wollte, weil sie niemals etwas glauben und nicht von ihrer Sitte abgehen wollten, die sie einhielten.

Reinhold Jandesek:
„Der Bericht des Odoric da Pordenone über seine Reise nach Asien"

Auch Marco Polo bewegt sich im Bereich der Dichtung, wenn er seinen Lesern die alte Geschichte von der Männer- und Fraueninsel erzählt, die auf den antiken Mythos der Amazonen zurückgeht.

Fern von Chesmakoran, ungefähr fünfhundert Meilen nach Süden, liegen im Ozean zwei Inseln, etwa dreißig Meilen voneinander entfernt. Auf der einen wohnen Männer ohne Frauen, und die heißt die Männerinsel, auf der anderen befinden sich Weiber ohne Männer, und diese wird die Weiberinsel genannt. Die Bewohner beider Inseln sind von derselben Rasse und wohlgetaufte Christen. Die Männer besuchen die Insel der Weiber und bleiben mit ihnen drei Monate lang zusammen, nämlich im März, April und Mai, ein jeder Mann in einer besonderen Wohnung mit seiner Frau. Dann kehren sie zur Männerinsel zurück, wo sie den übrigen Teil des Jahres bleiben, ohne Gesellschaft von Frauen. Die Frauen behalten ihre

Söhne bei sich, bis diese das Alter von zwölf Jahren erreicht haben, worauf sie zu ihren Vätern geschickt werden. Die Töchter behalten sie bei sich, bis sie heiratsfähig sind, und dann verheiraten sie dieselben an die Männer der anderen Insel. Und das ist so eingeführt wegen der eigentümlichen Beschaffenheit des Klimas, welches den Männern nicht erlaubt, das ganze Jahr hindurch bei ihren Frauen zu bleiben, weil sie sonst sterben würden. Sie haben ihren Bischof, der dem auf der Insel Soccotera untergeordnet ist. Die Männer sorgen für den Unterhalt der Frauen, indem sie das Korn aussäen, aber die letzteren ackern den Boden und sammeln die Frucht ein. Die Insel bringt auch viele andere Früchte hervor. Die Männer leben von Milch, Fleisch, Reis und Fischen, von welchen letzteren sie eine große Menge fangen, da sie tüchtige Fischer sind. Sowohl frisch gefangen als auch gesalzen werden die Fische an die Kaufleute verkauft, die zu der Insel fahren; doch kommen diese hauptsächlich des Ambras wegen her, das hier in großer Menge gesammelt wird.

Hans Lemke (Hrsg.):
„Die Reisen des Venezianers Marco Polo im 13. Jahrhundert“

Den Höhepunkt kurioser Reiseberichte liefert John Mandeville, der zwar nie nach Fernost reiste, aber die Geschichten und Mythen über die jeweiligen Regionen sammelte. So stützt er sich z. B. auf den Reisebericht Marco Polos, der bereits die Stadt Quinsay mit Venedig verglichen hatte.

Hiernach will ich euch weiter berichten und zu verstehen geben, daß es schneeweiße Hühner gibt und daß diese überhaupt keine Federn haben.

In dem Land gibt es weiße Hühner, die haben keine Federn; aber sie haben Wolle so wie die Schafe in unseren Ländern und Gegenden.

Hier will ich euch von einem Land berichten, da ist es Brauch, daß die Frauen Bänder um den Kopf tragen, die einen Ehemann haben, und die anderen nicht.

In dem Land, da ist es Brauch, daß die Frauen, die einen Ehemann haben, ein aus Leder gemachtes Band um den Kopf tragen, damit man sie von den Frauen unterscheiden soll, die keinen Ehemann haben. Und die Frauen in diesem Land tragen einen Zweig in der Hand.

Hier will ich euch von einem Tier berichten, das heißt Lane; das fängt den Leuten Fische und ist auch gerne an den Gewässern.

In dem Land lebt ein Tier, das heißt Lane (Lane – der zum Fischfang abgerichtete Fischotter); und das ist gerne an den Gewässern. Und die Leute fangen es und machen es zahm. Und wenn sie fischen wollen, dann werfen sie das Tier in das Wasser; und so oft und häufig sie das tun, so oft und so viele Male bringt es einen Fisch aus dem Wasser.

Hier will ich euch von sehr wilden Tieren berichten; zu denen gehen Mönche und geben ihnen zu essen.
Von dort zieht man einige Tagreisen weit und kommt in eine Stadt. Die ist sehr volkreich, denn es leben oft zehn Familienoberhäupter in einem Haus. Diese Stadt heißt Cassam (Kinsay/

Huangtschau); und sie hat zehn große Tore. Nicht weit davon ist eine Stadt. Die ist groß und liegt an einem See wie Venedig; der See kommt von dem Meer. Und das ist die schönste Stadt, die man in der Welt finden kann. Und sie hat mehr als hundert Brücken; und auf jeder Brücke stehen zwei Türme, und darauf halten sie sorgfältig Wache, denn sie fürchten den großen Kaiser von der Tatarei sehr, da sein Land daran grenzt. In dieser Stadt wohnen viele Christen und Kaufleute und mancherlei Volk, weil das Land so gut ist. Da wächst guter Wein, und irgendwo dort hatte auch der König von Morchen seinen Wohnsitz.

Von der Stadt fährt man auf dem Wasser zu einer Abtei ihres Glaubens, in der Mönche leben. In dieser Abtei gibt es einen sehr schönen Obstbaumgarten mit einem schönen Berg darin. Und um den Berg gibt es in dem Obstbaumgarten viele seltsame Tiere. Und wenn jemand zum Vergnügen dahin kommt und die Tiere sehen will, dann nehmen die Mönche das, was vom Tisch aufgesammelt wird. Und einer hat eine silberne Glocke in der Hand, die läutet er. Dann kommen die Tiere, wie es ihre Gewohnheit ist, alle angelaufen, als ob sie Schweine wären. Und wenn sie gefressen haben, dann läutet er die Glocke. Daraufhin laufen sie wieder zu ihren Plätzen. Und die Mönche sagen, diese Tiere seien die Seelen vornehmer Leute, und deshalb geben sie ihnen um Gottes Willen zu essen. Und diejenigen, die böse und scheußliche Tiere sind, die seien Seelen der Bauern; und von diesem Glauben kann sie niemand abbringen.

Auf der Insel sind kleine Leute, die kämpfen mit Störchen.

Von der Stadt fährt man sechs Tagreisen weit, dann kommt man zu einer Stadt, die Elischlund (Nanking?) heißt. Sie hat einen Umfang von zwanzig Meilen. Und in dieser Stadt gibt es etwa sechzig steinerne Brükken; so schöne habe ich mein Lebtag nie zuvor gesehen. Die Stadt hat genug von allem, was sie braucht. Der König von Morchen hatte dort seinen Sitz. Mitten durch die Stadt fließt das größte fließende Gewässer, das ich je sah. Das heißt Dalach (Yangtsekiang) und das ist gut vier Meilen breit; das ist ganz sicher wahr.

Und von dem Land kommt man in ein Land, das heißt Tucham; und das große Gewässer fließt mitten durch dieses Land. In dem Land gibt es die kleinsten Leute, Männer und auch Frauen, die ich je mein Lebtag gesehen habe, denn sie sind knapp oder kaum drei Handbreit groß. Und sie sind auch sehr schön und können mit den Leuten über Maßen gut zusammenleben und sich vertragen. Und wenn sie ein Jahr alt sind, dann nehmen sie sich gegenseitig zur Ehe. Und in dem Jahr darauf tragen die Frauen Kinder. Und sie leben auch nicht länger als höchstens sechs oder sieben Jahre; und wer acht Jahre alt wird, der wird sehr alt. Dieses kleine Volk arbeitet so gut mit Seide, wie man sonst kein Volk finden kann. Die großen Vögel, die an dem Gewässer leben, töten sehr viele von ihnen, denn sie kämpfen oft heftig mit ihnen. Sie können auch das Land nicht bebauen. Wenn es aber an der Zeit ist, dann kommen viele Leute dahin zu ihnen, die ihnen das Land gegen Lohn bebauen. Und sie verspotten sehr gerne die Leute, die größer als sie sind. Und wie groß die Leute auch sein mögen, die da wohnen, sie bringen doch immer nur kleine Kinder zur Welt. Daher glaube ich, daß das an dem Erdboden liegt.

Auch seine Geschichten über die Untertanen des Großkhans stammen aus den Werken verschiedener anderer Autoren.

Doch sollt ihr wissen, daß es ein unglückliches Volk ist, das mit dem Kaiser, mit dem Sohn und den Frauen reitet. Dieses Volk wohnt nämlich nicht ständig am Hof; sondern nur, wenn der Kaiser ausreiten will, müssen sie am Hofe sein. An ständigem Hofgesinde hat er nicht mehr als fünfzigtausend Mann zu Pferde und zwanzigtausend zu Fuß sowie andere Leute, die für die Vögel und Tiere sorgen; deren Zahl ist unsagbar groß, denn es gibt unter dem Himmel keinen mächtigeren Herrn. Ich sage euch wahrhaftig, daß der große Kaiser von Indien und der Kaiser von Persien und der Sultan von Babylon alle drei zusammen nicht so viel Macht und Gewalt haben wie der Khan von Cathay, denn er ist der größte von allen irdischen Herrschern. Und er hört auch gerne von Gott reden. Er will auch, daß die Christen in gutem Frieden durch sein Land fahren. Er gestattet in seinem Land jedem, den Glauben zu haben, den er will. Man findet in seinem Land einige, die haben zehn Frauen, einige zwanzig, je nachdem, was sie wollen. Und sie nehmen alle Frauen, die ihre Verwandten sind, zu Ehefrauen, mit Ausnahme ihrer Schwestern; die Schwester ihres Vaters nehmen sie aber. Und wenn ihre Brüder sterben, dann nehmen sie die Frauen ihrer Brüder.

Sie reiten meistens ohne Sporen und führen einen Stock in der Hand, mit dem sie das Pferd antreiben. Und sie wollen (untereinander) auch nicht wegen bedeutender Angelegenheiten die Waffen erheben, denn sie sagen, das sei Sünde. Sie halten es auch für eine sehr große Sünde, wenn jemand in seinem Haus uriniert. Wenn sie gesündigt haben, dann beichten sie es ihrem obersten Priester. Und wenn jemand in seinem Haus uriniert hat, dann wagt niemand, in seinem Haus zu verweilen, bis daß er ein neues Haus gebaut hat.

Die Frauen können gut jegliche Art von Stoffen und alle anderen Geräte wie Pflüge, zu welchem Zweck man auch was braucht, herstellen, mit Ausnahme der Pfeile: die und andere Waffen machen die Männer. In dem Land tragen die Frauen Hosen wie die Männer. Sie richten auch keinen Tisch her, außer an den Höfen der großen Herrscher; sie essen von den Knien und essen selten Brot. Und tagsüber essen sie nicht mehr als einmal. Kommt aber ein Fremder zu ihrem Herrn und will der es, dann gibt man ihm nach seiner Sitte zu essen. Es ist ein sehr unfeines und gemeines Volk, das viel ertragen kann.

Wie in den echten Reiseberichten finden sich auch bei Mandeville die kuriosesten Lebewesen auf den Inseln, die man angeblich bei der Fahrt auf der sogenannten Seidenstraße des Meeres aufsuchen konnte. Deutlich erkennt man seine Anlehnung an Odorics Bericht.

Nun will ich von einer Insel berichten, die Sadyn heißt und wo viele Leute sind, die verstopfen dem Kranken seinen Mund und ersticken ihn und essen dann das Fleisch. Von dort fährt man nach Osten und kommt dann zu einer großen Insel, die heißt Sadyn. Und da gibt es Leute von sehr merkwürdiger Eigenart. Denn da ißt der Vater seinen eigenen Sohn und der Sohn seinen eigenen Vater und der Mann die Frau. Wenn einer von ihnen krank wird, dann gehen sie zu einem Priester ihres Glaubens und bitten ihn, daß er mit ihnen zu ihrem Götzen gehe und ihn frage, ob der an dieser Krankheit sterben müsse. Dann antwortet der Götze und sagt nein oder ja. Und sagt ihr Götze dann, er müsse sterben, so geht ihr

Priester mit ihnen nach Hause, und sie verstopfen dem Kranken seinen Mund und ersticken ihn. Danach hacken sie ihn in kleine Stücke und kochen und braten ihn. Und schicken darauf nach ihren Verwandten, daß sie kommen und ihnen helfen, das Fleisch zu essen. Danach tragen sie die Knochen mit Gesang weg und vergraben sie. Und sie sagen, es sei viel hilfreicher, sie äßen ihn, als daß ihn die Würmer in der Erde fräßen. Ist er mager, dann sagen die Leute, die Verwandten hätten eine große Sünde begangen, daß sie ihn nicht zur gehörigen Zeit befreit und in das Paradies geschickt hätten. Der König von Sadyn ist sehr mächtig, denn er hat etwa vierundsechzig Inseln unter sich. Und die Inseln haben alle einen König, und sie sind ihm alle untertan. Auf den Inseln gibt es sehr merkwürdiges Volk.

<u>Hier will ich euch von Riesen berichten, die behaart sind und nur Fleisch und Fisch essen und kein Brot und die nackt gehen.</u>
Item, danach gibt es eine andere Insel. Da leben Riesen, die sind über Maßen groß. Und die haben nur ein Auge vorne auf der Stirn und essen nur Fleisch und Fisch und kein Brot. Und sie sind am Körper nackt und auch sehr stark behaart wie wilde Tiere; und sie haben einen Stab in der Hand.

<u>Nun will ich euch von anderen Leuten erzählen. Diese haben keinen Kopf, und die Augen sitzen ihnen an den Achseln, und ihr Mund ist gekrümmt wie ein Hufeisen.</u>
Da gibt es eine andere Insel. Da sind auch sehr schmutzige und häßliche Leute. Diese haben die Augen auch nicht in dem Kopf, sondern ihre Augen sitzen an ihren Achseln. So sitzt ihnen auch der Mund mitten auf der Brust; und ihr Mund ist gekrümmt wie ein Hufeisen, mit dem man Pferde beschlägt. Auch haben diese Leute auf dieser Insel sehr große und auch weite Augen.

<u>Hier vernehmt von wunderlichen Leuten, deren Gesicht flach ist wie ein Teller.</u>
Aber da ist auch eine andere Insel. Auf dieser Insel gibt es Leute, deren Gesicht ist ganz und gar flach wie ein Teller. Und sie haben auch keinen Mund, denn an der Stelle, wo der Mund sitzen sollte, da haben sie zwei kleine Löcher. Und sie sind auch über Maßen grimmige Leute.

<u>Auf der Insel da sind Leute, die haben schmutzige, große Lippen und decken damit ihr Gesicht zu, wenn sie in der Sonne liegen.</u>
Danach sollt ihr noch vernehmen und wissen, daß man weiter zu einer sonderbaren Insel kommt. Auf dieser Insel gibt es sehr schmutzige und abscheuliche Leute; die haben sehr große und scheußliche Lippen. Und wenn sie in der Sonne liegen, dann bedecken sie ihr Gesicht damit, denn die Sonne scheint auf dieser Insel sehr stark und ist überdies noch sehr heiß.

<u>In dem Land da sind Männer, die haben Haare an dem Bart wie die Katzen, und es sind lange Haare.</u>
Da ist aber eine andere Insel. Dort gibt es Leute, die sind sehr schön und sehr vornehm. Und die Männer haben kaum sechzig Haare in dem Bart; und

die sind so lang wie die einer Katze. Und die Frauen dort auf der Insel sind über Maßen hübsch und schön. Und in dem Land gibt es auch eine Stadt, die heißt Latorii (Kanton) und liegt nur eine Meile vom Meer entfernt und hat auch ein großes schiffbares Gewässer; und sie hat auch so viele Schiffe, wie man nur eine Stadt finden kann.

Hier will ich von Schafen berichten, die sind zweimal so groß wie unsere Schafe.

In dem Land, von dem ich eben gesprochen habe, da gibt es Schafe, die sind zweimal so groß wie die unsrigen und sind rot um den Hals.

In diesem Land ist alles billig, was man braucht. Und es gibt dort viele Schlangen; die essen sie gerne dort. Und wenn einer dem anderen ein Mahl gibt, und er gibt ihm keine Schlangen, dann hat er ihm kein gutes Essen gegeben. In diesem Land sind viele feine Städte und Kirchen ihres Glaubens, in denen sie Götzen haben, so groß, als ob sie Riesen wären. Und wenn sie in ihren Kirchen Kirchweihfest haben, dann bringen sie ihren Götzen zu essen und fordern sie auf zu essen und lassen ihnen den Geruch unter die Augen ziehen und lassen es stehen. Danach essen es dann die Kirchenvorsteher. Dann sagen sie, ihre Götter hätten es gegessen.

Gerhard E. Sollbach (Hrsg.):
„Das Reisebuch des Ritters John Mandeville"

Marco Polo und seine Erlebnisse

Die Person Marco Polos ist weitgehend unbekannt. Sein eigener Bericht von seinen Reisen ist die ergiebigste Quelle über sein Leben, seinen Charakter und seine Fähigkeiten.

Wir stellen uns Marco Polo als simplen Mann vor, humorlos, geschäftlich, von gerader Wesensart, geschickt in vielen Tätigkeiten, doch ohne berufliche Ausbildung. Die vielen Jahre im Osten hatten ihn gewiß stark orientalisiert, aber von der hohen Bildung und der feinen Gesittung Asiens hat der Venezianer nicht allzuviel angenommen. Trotzdem er sicherlich, vor allem in China, mit Gelehrten hohen Ranges zusammentraf, scheint er von ihrer Kultur unberührt geblieben zu sein, und er hat uns auch nicht besonders ausführlich von ihr berichtet. Daß Marco Polo offenkundig nicht von einem falschen literarischen Stolz beseelt war, war ein Vorteil, denn ein Mann, der so wenig Einbildungskraft besaß und so schüchtern war, erzählt nur Dinge, an die er selbst glaubte. So schenkte er der Welt nicht, wie so mancher spätere Orientfahrer des Mittelalters, ein Buch voll von unglaubhaften und phantastischen Märchen.

Wenn wir auch bisweilen staunen müssen über Marco Polos Leichtgläubigkeit, über Absurdes, das er nach Hörensagen bedenkenlos wiederholt, so muß doch anerkannt werden, daß auch immer wieder eine Kritik bei seinen Schilderungen mitspielt und dies, obwohl er, als echtes Kind seiner Zeit, besonders viel Gefallen an Übernatürlichem hat. Auch das Seltsamste wird immer noch sachlich dargestellt, und eine wohltuende Besonnenheit geht im allgemeinen durch die „Beschreibung der Welt", trotz allem Wunderbaren und Maßlosen, das in ihr berichtet wird.

Marco Polo.

Im Grund war Marco Polo ein guter Beobachter, und das eine muß gesagt werden: Sehr viel von dem, was für die damalige Zeit wie ein Wunder klang, hat sich als richtig erwiesen, zumindest hatte es einen wahren Kern.

Der Venezianer wollte in erster Linie belehren. Er faßt bescheiden in dem Prolog zu seinem Buch zusammen:

„Es wäre sehr schade gewesen, hätte er (Marco Polo) nicht schriftlich alles, was er gesehen und gehört, festgehalten, so daß andere, die es nicht selbst kennengelernt, es aus diesem Buch erfahren können."

Nie ließ sich der Autor hinreißen, als Zugeständnis für seine Leserschaft wissentlich Torheiten zu erzählen.

Es fällt bei seinen Schilderungen auf, daß öfters Nebensächliches breit ausgeführt, Hauptsächliches hingegen weggelassen ist. So kommt es trotz der Fülle des Stoffes zu der Dürftigkeit vieler Abschnitte.

Zwei Wesenszüge des Autors der „Beschreibung der Welt" lassen sich noch erkennen:

Dem Venezianer scheint künstlerischer Sinn und Geschmack ferngelegen zu haben. Wo beispielsweise architektonisch wertvolle Gebäude beschrieben werden, tritt wohl ein praktisches Urteil über Ausführung und Material, aber keine Wertschätzung zutage, die der Schönheit Ausdruck gibt.

Demgegenüber spricht aus Marco Polos Buch eine besondere Liebe zur Natur, etwas, was dem 13. Jahrhundert fremd ist. Bemerkenswert ist, daß der Reisende Muster naturwissenschaftlicher Seltsamkeiten nach Hause bringt, und immer wieder lesen wir, daß Marco Polo leidenschaftlich für die Jagd eingenommen war.

Was war Marco Polo eigentlich? Welch rätselhafte Kraft hat ihn befähigt, alle Gefahren, Leiden und Entbehrungen auf sich zu nehmen, um sein Ziel zu erreichen?

Wir täten unrecht, Marco Polo nur einen Abenteurer zu nennen, wiewohl Abenteuerlust gewiß am Anfang seiner großen Taten stand.

Der Geist eines Missionars beseelte ihn nicht.

Der lange Aufenthalt in der großen Welt hatte seinen Blick geweitet und ihn tolerant gemacht. Er erzählt von den guten Werken der „Götzendiener" (gemeint sind Buddhisten und Hindus), und schreibt von Buddha, daß er „als Christ ein großer Heiliger gewesen wäre". Es gibt in manchen Marco-Polo-Manuskripten, die vielleicht der kirchlichen Zensur entgangen sind, Stellen, die von einem Fehlen jeder konfessionellen Engstirnigkeit zeugen. Nur Muslimen gegenüber hatte Marco Polo den traditionellen, ihm wohl von Kindheit an eingeimpften Haß der Christen. Von der hehren Gestalt des Propheten der Zoroastrier, die er sicher oft traf, und von ihrer dualistischen Weltanschauung, die zwischen einem guten und einem bösen Prinzip wählen heißt und die alle späteren Weltreligionen, vom Judentum über das Christentum bis zum Islam, durchdrang, wußte er kaum etwas. Die Lehrmeinungen der verschiedenen östlichen christlichen Kirchen zu beurteilen, war Marco

Polo wohl kaum imstande. An einer Stelle seines Buches spricht er von den „unvollkommenen Christen“ und dann wieder von den Christen, die sich „in manchen Dingen irren“.

Marco Polo lebte in einer Zeit, da man noch nicht zu wissenschaftlichen Zwecken reiste, und mit seiner großen Fahrt wurden in erster Linie wirtschaftliche Ziele verfolgt. Aber in dem Venezianer nur einen gewinnsuchenden Kaufmann zu sehen, wäre auch nicht richtig.

Wohl kam er aus der Inselstadt Venedig, die damals ein für europäische Verhältnisse blühender Handelsmittelpunkt war und überaus tüchtige Kaufleute hervorbrachte, und zog in Begleitung seines handeltreibenden Vaters und Onkels hinaus in die große Welt. Aber in seinem Amt bei Qubilai war er Gesandter und scheint sich nur sehr gelegentlich mit Handel abgegeben zu haben. Wie weit er sich auf der Hin- und Rückreise als Kaufmann betätigte, ist fraglich.

In seinem Buch schenkt er oft den Erzeugnissen eines Landes besondere Aufmerksamkeit, und es kommt vor, daß er, statt eine Stadt zu beschreiben, nur einen oder den anderen in ihr hergestellten Gegenstand schildert. Doch meist werden bloß wenige Waren genannt, im Verhältnis zu den vielen vorhandenen.

Öfter hören wir von Bodenschätzen, auch von Drogen, Stoffen und allen möglichen Kostbarkeiten. Vermutlich waren es Edelsteine, die den Venezianer am meisten beschäftigten. Das Interesse für Edelsteine war wohl berechtigt, war es doch diese Ware, mit denen die Europäer im Orient am liebsten handelten, weil sich dies trotz der großen Unkosten auf den langen und gefährlichen Wegen am meisten lohnte. Auch Stoffe und Drogen konnten mit Profit in Europa verkauft werden, aber Juwelen und Edelsteine blieben bis in die Tage Taverniers und Chardins im 17. Jahrhundert der bevorzugte Ausfuhrartikel der abendländischen Kaufleute in Asien.

Ein Kaufmann in unserem Sinn war Marco Polo nicht, wenn er auch wahrscheinlich mit der Zeit mit den Handelsbräuchen in Asien sehr gut vertraut wurde und ein kaufmännischer Geist bei vielen Beschreibungen durchschlägt. Selbst nach seiner Rückkehr trieb er keinen geregelten Handel, und er hat auch nie Ruhm als Kaufmann, sondern als weitgereister Mann erworben.

Von einem Kaufmann wäre auch zu erwarten, daß seine Angaben über die Wirtschaft der bereisten Länder die wichtigsten Ergebnisse seiner Beobachtungen seien. Aber, wie gesagt, von Handel und Ware ist in Marco Polos Buch doch zumeist bloß unzureichend die Rede, und unser Reisender schneidet auf anderen Gebieten, wie Kulturgeschichte, Völkerkunde, Botanik, Zoologie, oft besser ab.

Alfons Gabriel:
„Marco Polo in Persien“

Nachdem Marco Polo in die Dienste des Großkhans getreten war, mußte er einige Sprachen lernen. Genaue Kenntnisse über seine Sprachfertigkeit besitzen wir aber nicht.

Für unseren Marco begann also eine neue Lehrzeit. Zuallererst mußte er Sprachen lernen. Wir wissen, daß Messer Nicolò und Messer Matteo bereits die „tatarische Sprache" beherrschten, und wahrscheinlich hatten sie Marco unterwegs ein wenig Mongolisch beigebracht. Daß alle drei Polos Persisch gelernt haben müssen, ist offenkundig; denn es diente in allen Teilen des Dschingiskhaniden-Reiches als Lingua franca, ohne die sie sich niemandem hätten verständlich machen können. Da das uigurische Türkisch eine Kultursprache war und in der Verwaltung des Reiches weitgehend angewandt wurde, ist anzunehmen, daß Marco sich gleich nach seiner Ankunft bemühte, diese Sprache ebenfalls zu erlernen. Was das Chinesische anlangt, so behaupten manche, daß Marco es nie gelernt und sich immer persischer Dolmetscher bedient habe. Andere (wie W. Franke) behaupten dagegen, er habe mindestens so viel Chinesisch gelernt, um sich behelfen zu können, auch wenn seine Stellung als Gast und freiwilliger Mitarbeiter in Khubilais Kanzlei ihn von dieser großen Anstrengung befreit haben dürfte. Nach seiner eigenen Aussage „beherrschte" er schon kurze Zeit nach seiner Ankunft am Hofe vier Sprachen und deren jeweilige Schriften. Bei Hofe hatte er Augen und Ohren gut offengehalten und es verstanden, jene Fähigkeiten auszu bauen, die an ihm wirklich außergewöhnlich erschienen: sein Gedächtnis und seine Beobachtungsgabe.

Alvise Zorzi: *„Marco Polo"*

Chinesische Darstellung Marco Polos.

In jedem Fall war Marco Polo ein aufmerksamer Beobachter. So erwähnt er beiläufig eine Reihe herausragender Erzeugnisse, die von seinen Zeitgenossen häufig übersehen wurden. Seiner speziellen Neugier ist es zu verdanken, daß uns heute frühe Nachrichten über Steinkohle und Erdöl vorliegen.

An Armenien nach Südwesten grenzen die Länder Mosul und Maredin, die nachher beschrieben werden sollen, und viele andere, die zu zahlreich sind, als daß man ausführlich darüber reden könnte. Nach Mitternacht zu liegt Zorzania; dort findet man an der Grenze einen großen Brunnen mit Öl, so daß man viele Kamele damit beladen kann. Nicht zur Speise braucht man dieses Öl, sondern als eine Salbe zur Heilung von Hautkrankheiten an Menschen und Vieh sowie für andere Übel; auch kann man es gut zum Brennen benutzen. In der benachbarten Gegend wird kein anderes für die Lampen gebraucht, und die Leute kommen weit her, um es sich zu holen.

Der größere Teil der Einwohner der Provinz Kataia trinkt eine Art Wein, welcher aus Reis mit verschiedenen Gewürzen und Spezereien zubereitet wird. Dieses Getränk oder dieser Wein, wie es genannt werden mag, ist so gut und blumig, daß sie kein besseres wünschen. Er ist klar, glänzend und angenehm im Geschmack und berauscht, wenn er erhitzt wird, leichter als irgend ein anderes Getränk.

Durch das ganze Land Kataia findet man einen schwarzen Stein, den man aus den Bergen gräbt, wo er in Adern läuft. Wenn er angezündet wird, brennt er wie Kohle und hält das Feuer weit besser als das Holz, so daß es die ganz Nacht hindurch erhalten werden kann und am Morgen noch brennend gefunden wird. Diese Steine haben keine Flamme, außer daß sie ein wenig auflodern, wenn sie angezündet werden, aber während ihres Brandes strömen sie viel Hitze aus. Allerdings ist kein Mangel an Holz in dem Lande, aber die Menge der Einwohner ist so ungeheuer, und die Öfen und Bäder, die sie beständig heizen, sind so zahlreich, daß die vorhandene Menge für das Bedürfnis nicht hinreichen würde; denn man pflegt dort wenigstens dreimal die Woche und im Winter womöglich an jedem Tage das Bad zu besuchen. Jeder Mann von Rang und Vermögen hat eins zu seinem eigenen Gebrauche in seinem Hause, und all das vorhandene Holz würde bald für solchen Verbrauch unzureichend erscheinen, während diese Steine in größtem Überflusse vorhanden und sehr wohlfeil zu erhalten sind.

Hans Lemke (Hrsg.):
„Die Reisen des Venezianers Marco Polo im 13. Jahrhundert“

Marco Polo und Columbus

Von den Erlebnissen und Ereignissen, die Marco Polo schildert, hatte sein Bericht über die Kriegsexpedition nach Japan die größte Nachwirkung. Denn für Columbus wurden seine Informationen zu einer wesentlichen Basis und das goldene Japan zu einem Hauptziel seiner waghalsigen Unternehmung.

Zipangu ist eine Insel im östlichen Ozean, die ungefähr fünfzehnhundert Meilen von dem Festlande und den Gestaden Manjis entfernt liegt. Sie ist sehr groß, ihre Einwohner sind von heller Gesichtsfarbe, wohlgebildet und haben gute Sitten. Ihre Religion ist Götzendienst. Sie sind unabhängig von jeder fremden Macht und werden nur von ihren eigenen Königen regiert. Sie haben Gold im größten Überfluß, seine Quellen sind unerschöpflich, aber da der König die Ausfuhr nicht gestattet, so kommen wenig Kaufleute in das Land, auch wird die Insel selten von Schiffen aus fernen Gegenden besucht. Diesem Umstande müssen wir den ungeheuren Reichtum in dem Palaste des Königs zuschreiben, wenn das wahr ist, was uns von denen erzählt wurde, die Zutritt zum Palaste haben. Das ganze Dach ist mit Goldplatten versehen, gerade so wie wir die Häuser, oder richtiger die Kirchen, mit Blei decken. Die Decke der Säle besteht aus demselben

köstlichen Metall; viele Zimmer haben kleine Tische, die von dickem, massivem Golde gearbeitet sind, und auch die Fenster zeigen goldene Verzierungen. So ungeheuer sind die Reichtümer des Palastes, daß es unmöglich ist, sich eine Idee davon zu machen. Auf dieser Insel gibt es auch Perlen in großer Menge, die von roter Farbe, rund und sehr groß sind, den weißen Perlen an Wert gleich, ja sie haben einen noch höheren Preis. Es ist bei einem Teile der Einwohner Brauch, die Toten zu begraben, bei den anderen, sie zu verbrennen. Erstere legen eine Perle in den Mund der Leiche.

(...) Als der große Khan Kublai hörte, daß die Insel Zipangu so reich sei, dachte er daran, sie in seine Gewalt zu bringen und seinem Reiche einzuverleiben. Um diesen Plan zu verwirklichen, rüstete er eine große Flotte aus und schiffte ein großes Truppenkorps ein unter dem Befehle zweier seiner besten Kriegsobersten, von denen einer Abbakatan und der andere Vosancin hieß. Diese fuhren von den Häfen Zaitun und Quinsai ab, durchsegelten die dazwischenliegende See und erreichten die Insel in Sicherheit; aber infolge der Eifersucht, die sich zwischen den beiden Befehlshabern erhob, von denen einer des anderen Pläne mit Verachtung behandelte und der Ausführung seiner Befehle entgegen war, konnten sie keine Stadt oder Festung in ihre Gewalt bringen, mit Ausnahme einer einzigen, die mit Sturm genommen wurde, als sich ihre Besatzung geweigert hatte, sich zu unterwerfen.

Hans Lemke (Hrsg.):
„Die Reisen des Venezianers Marco Polo im 13. Jahrhundert"

Es ist eine alte Streitfrage, ob Columbus das Buch von Marco Polo wirklich gelesen hat und ob er es sogar auf seiner Fahrt dabeihatte.

Sein Buch „Wunder der Welt" machte indes Furore, nicht nur nach der ersten Edition, sondern noch im Zeitalter der Entdeckungen. 1426 übergab man dem Infanten Pedro, dem älteren Bruder Heinrichs des Seefahrers, bei seinem Besuch in Venedig ein Exemplar des Werkes. Kolumbus besaß eine lateinische Ausgabe. Wie intensiv er sich das Buch, für ihn ein Katechismus des Reisens, zu eigen machte, kann man aus der Zahl der Anmerkungen ersehen. Das Expemplar befindet sich heute in der Kolumbus-Bibliothek in Sevilla. Als Entdecker hat sich der Genuese, was leicht zu erkennen ist, nach geographischen Angaben Marco Polos gerichtet, auch wo sie in die Irre leiten mußten. Und vor allem weckte bereits die Lektüre dieses Buches in ihm den geradezu manischen Drang zum Gold.

Gustav Faber:
„Auf den Spuren von Christoph Kolumbus"

Sowohl bei Martín Fernández de Navarrete als auch in Washington Irvings „History of the Life and Voyages of Christopher Columbus" findet sich die Behauptung, Columbus habe den Bericht Marco Polos gekannt und gelesen. Irving, eher Literat als Historiker, gab seinem biographischen Versuch wenigstens Appendices bei, in denen u. a. die Bedeutung Marco Polos für das Unternehmen des Columbus besprochen wird. Aus ihnen geht hervor, daß seine Darstellung des Sachverhalts ausschließlich auf den mehr oder weniger sinnfälligen Analogien zwischen dem Verhalten des Entdeckers und den Vorgaben des Buches beruhte: „It was evidently an oracular work with him"; man vermute, Columbus habe davon ein handschriftliches Exemplar mit sich geführt. Auch diese Annahme war allenfalls plausibel und nur eine mögliche Deutung der Geschehnisse. Dennoch sollte sie in modifizierter Form (und keineswegs immer als bloße Vermutung) noch häufiger vorgebracht werden.

Ob und wie gut Columbus das Werk seines venezianischen Landsmannes kannte – Irving und auch Navarrete haben sich die Frage gewiß vorgelegt. Zum wissenschaftlichen Problem erhob sie erst Alexander von Humboldt. Er bestritt, daß der Bericht Marco Polos dem Entdecker Amerikas bekannt geworden sei. Namentlich sei sein Autor nirgends in den Schriften des Columbus genannt, und alle Details, die eine genauere Kenntnis zu belegen schienen, könnten ihm auch indirekt, über einen Dritten, zugetragen worden sein.

Humboldts allzu kritischer Standpunkt hat sich nicht durchsetzen können. Der seinerzeit profundeste Marco-Polo-Kenner, Henry Yule, gab ihm zwar recht. Aber die spanische Forschung beharrte darauf, daß die Fahrt des Columbus durch die Lektüre im Werk des Orientfahrers angeregt worden sein könne; möglicherweise habe er die altspanische Version aus der 2. Hälfte des 14. Jahrhunderts zu lesen bekommen. Eine vermittelnde Haltung nahm Rudolf Stuebe ein, der Herausgeber des spanischen Marco Polo: Columbus habe den Bericht des Venezianers „zwar gelesen, aber in seiner Bedeutung nicht erkannt"; Marco Polo habe nur indirekt, „nicht durch dessen eigene Lektüre" auf den künftigen Entdecker eingewirkt; hätte dieser gründlicher gelesen, so wären ihm kaum jene „seltsamen Schlüsse" unterlaufen, die er aufgrund von „Tradition und vorgefaßte(r) Meinung" aus den Hinweisen des Textes gezogen habe. Daß Columbus ein Exemplar des Buches in Händen gehabt haben muß, war indessen damals nicht mehr zu bezweifeln.

Bereits 1858 hatte Oskar Peschel mitgeteilt, wovon Alexander von Humboldt nichts wissen konnte: Daß bei Las Casas ein Schreiben des Admirals überliefert ist, das namentlich auf Marco Polo und dessen Beschreibung roter japanischer Perlen Bezug nimmt. Außerdem war es mittlerweile gelungen, den reich mit Randnoten versehenen Frühdruck des lateinischen Marco Polo, den die Biblioteca Capitular y Colombina zu Sevilla aufbewahrt, als Handexemplar des Columbus zu identifizieren. Hiervon wird ausführlich zu handeln sein.

Der Hinweis auf die Inkunabel gehört mittlerweile fast unverzichtbar zur Columbus-Literatur, und die Feststellung, daß Marco Polo auf Weltbild und Ziele des Entdeckers eingewirkt habe, ist in die Handbücher eingegangen. Die Forschung bemühte sich zwar um die paläographische Differenzierung und zeitliche Eingrenzung der Marginalnotizen. Zu einem gültigen Ergebnis gelangte sie jedoch nicht. Die Diskussion blieb kontrovers, mancher ihrer Befunde unbefriedigend. Die Möglichkeiten, die das von Columbus eigenhändig glossierte Leseexemplar der historischen Interpretation eröffnet: nämlich einerseits die Wirkungsgeschichte des Textes zu ergänzen, andererseits die intellektuelle Vor- oder Nachbereitung der Entdeckungsfahrt detailliert zu verfolgen – diese Möglichkeiten blieben im Grunde ungenutzt.

Erst eine jüngst erschienene Studie aus der Feder Jacques Heers' hat wenigstens die Frage nach Voraussetzungen und Art der Lektüre aufgeworfen. Sie entstand als Ergänzung zu den Columbus- und Polo-Biographien, die Heers vorgelegt hat. Die Beschäftigung mit Leben und Werk der Protagonisten führte offenbar mit einer gewissen Folgerichtigkeit zur Darstellung dessen, was beide miteinander verband. Alle drei Titel, die am besten als Einheit gelesen werden, geben Anregungen, die über die bisherige Forschung hinausweisen. Das Genre der zügig geschriebenen Biographie, die ein breiteres Publikum erreichen will, ließ es jedoch nicht zu, die offenen Fragen im einzelnen zu erörtern, und der nachfolgende Aufsatz behandelt den Umgang des Columbus mit seinem Buch nur auf knappstem Raum und leider auch in verkürzender Weise. Heers will vor allem zeigen, daß das Werk Marco Polos seit seinem „Erscheinen" in zweierlei Weise überliefert und gelesen wurde: als systematische Beschreibung Asiens oder als persönlicher Reisebericht. Columbus sei in erster Linie an enzyklopädischer Information interessiert gewesen. Nach Ausweis seiner Notate habe er von Marco Polo nicht die Details einer möglichen Reiseroute, sondern vor allem etwas über die Mirabilia und Schätze des Ostens erfahren wollen. Heers' Urteil über die Lektüre des späteren Entdeckers dient somit der Illustration einer These zur Wirkungsgeschichte des Buches. Die textkritischen Fragen, die mit den Randnoten verbunden sind (paläographische Analyse und Datierung, Schichten der Benutzung des Buches, Zuweisung der Schreiberhände), ließ die Studie beiseite.

Nachdem das Exemplar von Marco Polos Erlebnissen bekannt war, das Columbus sogar mit Randbemerkungen versehen hatte, konnte man auch erkennen, was Columbus am meisten interessierte.

Zwar sind die meisten der Notate zu Marco Polo bloße Ausstellungen in der Art eines kurzen Exzerpts, eines Stichworts oder einer Rubrik. Längere Glossen finden sich überhaupt nicht unter den autographen Marginalien, eigenständig formulierte oder abgewandelte nur in sehr geringer Zahl. Aber welche Begriffe und Sachverhalte an den Rand ausgeworfen wurden, läßt auf die Interessen des Lesers zum Zeitpunkt der Lektüre schließen. Räumlich konzentrierten sie sich auf Zentral-, Ost- und Südostasien; die vorderasiatischen Partien des Buches wurden nur sparsam glossiert. Navigatorische Fragen sind nur selten registriert. Ebensowenig haben offenbar die vielfältigen Hinweise interessiert, die Marco Polo zur realen und imaginären Ethnographie Asiens bietet. Ganze sechs Noten beschäftigen sich hiermit. Zahlreicher sind dagegen die

Ausstellungen zur Fauna Asiens oder zu versprengten Christengemeinden. Memorabilien wie die Verwendung von Kohle und Korallengeld, der Sagenvogel Roch oder die „Marco-Polo-Brücke“ bei Khanbaliq/Peking sind gleichfalls vermerkt. Sie standen aber nicht im Mittelpunkt der Interessen des Lesers. Denn die ganz überwiegende Mehrzahl der Noten beschäftigt sich mit dem Reichtum und den Handelsgütern Ost- und Südostasiens. Von der Vielzahl der dort vorzufindenden Handelsschiffe ist

ebenso häufig die Rede wie vom Überfluß an Lebensmitteln, und Columbus wird nicht müde, an den Rand zu schreiben: aromata, zinziber, margaritae, serica, lapides preciose (sic!), piper album, piper albissimum. Seide, Porzellan und Rhabarber, Gewürze, Edelsteine und Gold schienen weit mehr die Aufmerksamkeit des Columbus auf sich gezogen zu haben als die Geographie oder gar die Anthropologie Asiens.

Diese Verteilung der Gewichte muß nicht den persönlichen Interessen des Columbus entsprochen haben. Wie Leonardo Olschki gezeigt hat, standen ethnographische Sachverhalte im Mittelpunkt seiner Beobachtungen, als er endlich und vermeintlich asiatischen Boden betrat. Von Gewürzen und wertvollen Hölzern besaß er nach eigenem Bekunden keine großen Kenntnisse. Erst später, nach der 2. Reise, als die neu aufgefundenen Inseln nicht hielten, was ihr Entdecker versprochen hatte, sah sich Columbus genötigt, immer massiver von Gold und Reichtümern zu berichten, um den Kritikern bei Hofe den Wind aus den Segeln zu nehmen. In ähnlicher Weise scheinen die Auszüge aus Marco Polo angelegt worden zu sein, um Informationen zu sammeln, die offizielle Stellen beeindrucken könnten.

Wann dies geschah, ist nicht schlüssig zu erweisen. Gewiß ist, daß die seit Washington Irving öfters zu lesende Behauptung, Columbus habe seinen Marco Polo auf der ersten Reise mit sich geführt und unterwegs – mit Gewinn – gelesen, völlig aus der Luft gegriffen und durch nichts zu belegen ist. Denkbar ist die Entstehung der Annotationen vor dem Hintergrund der angesprochenen Legitimationsnöte seit 1496. Wahrscheinlicher aber bleibt – und die Forschung ging überwiegend von dieser Überlegung aus –, daß die exzerpierende Lektüre der Vorbereitung der „Asienfahrt" dienen sollte. Dafür sprechen nicht zuletzt die zahlreichen Rückgriffe auf Marco Polos Bericht, die gerade und vor allem den Verlauf der 1. Reise maßgeblich bestimmen sollten. Das Werk des Venezianers versorgte den Antragsteller mit einer Fülle von Material, das sich in den langwierigen Verhandlungen zwischen 1485 und 1492, den Jahren des Hoffens, Wartens und auch des Spotts, einsetzen ließ, um die Unterstützung der Krone zu gewinnen. Denn schließlich ging es dabei nicht nur darum zu zeigen, daß die Fahrt über den Atlantik nach Ostasien nautisch möglich, sondern auch um den Nachweis, daß sie wirtschaftlich lukrativ sei. Columbus selbst hat dies einmal rückblickend bemerkt: Nicht nur die geographischen Voraussetzungen der Überfahrt und die Chancen der christlichen Mission seien damals zu erörtern, sondern auch die zu erwartenden weltlichen Gewinne darzustellen gewesen.

Folker Reichert:
„Columbus und Marco Polo – Asien in Amerika"

Dem Autodidakten Columbus war es wichtig, daß seine Ideen und Grundlagen von Wissenschaftlern akzeptiert wurden. Der berühmte Gelehrte Toscanelli hatte bereits die Idee, daß der Westweg nach China kürzer sei als der Ostweg.

Das Bedeutende, das Kolumbus von Toscanelli erhielt, war, abgesehen von dem Privileg, daß ein berühmter Gelehrter seine Unternehmung billigte, die Billigung Marco Polos durch den Florentiner. Denn der venezianische Forschungsreisende war um etwa 30 Längengrade über den von Ptolemäus beschriebenen östlichsten Punkt Chinas hinausgelangt. Und höher als Mangi, Kathai, Quinsay und Zaitun, auf 1500 Meilen Seeweg zu erreichen, schätzte Marco Polo die unglaublich reiche Insel Cipangu (Japan) mit ihren goldüberdachten und goldgepflasterten Palästen. Selbst dabei sagte Toscanelli eine Segelfahrt von etwa 5000 Seemeilen von Spanien nach China voraus, allerdings könne die Fahrt bei der sagenhaften Insel Antillia („Euch wohlbekannt", schrieb er an Martins) und in Japan unterbrochen werden. Kolumbus jedoch dachte, er wisse es besser, und der Ozean sei noch schmaler, als Toscanelli annehme.

Samuel E. Morison:
„Admiral der Meere"

Bei seinen Fahrten im Inselreich der Karibik orientierte sich Columbus an dem Bericht Marco Polos über China und Japan. Er wollte unbedingt den Großkhan finden, aber vor allem das Gold Japans.

Wenn Kolumbus die Länge der seit den Kanaren zurückgelegten Strecke und zugleich die Lage des nun aufgefundenen Landes bedachte, so mußte er mit dem Blick auf Toscanellis Karte des festen Glaubens sein, er befände sich im ozeanischen Vorgelände von Asien, und sowohl Cathay wie auch die Insel Zipangu dürften nicht viel weiter westlich liegen. Er wähnte sich am Vorabend der Audienz beim Groß-Khan. Seine Träume kreisten um dessen glanzvolle Residenz mit ihren goldenen Dächern. Da dies alles nach damaliger Weltvorstellung, die auf Marco Polo beruhte, zu Indien im weiteren Sinne gehörte, meinte er bereits auf indischem Boden zu stehen. Diese fixe Idee hat zur irrtümlichen Bezeichnung „Westindien" für die Archipele im Golf von Mexiko geführt, und die sogenannten „Indios" sind keine Inder.

Nachdem Kolumbus durch Erkundungszüge klargeworden war, daß der Strand der Landung keinem Festland, sondern einer Insel angehörte, der sich viele im Umkreis sichtbare weitere Inseln zugesellten, gab ihm die Idee, in die er versessen war, den Glauben ein, es handle sich um den Inselschwarm, der auf der Toscanelli-Karte vor Asiens Küste eingezeichnet war. So dirigierte er die Schiffe von Eiland zu Eiland, den Groß-Khan zu finden, angesichts der Klippen und Sandbänke eine große navigatorische Leistung, doch vom Vorhaben her ein Irrweg.

Die Mannschaften gierten unterdessen nach Gold. Sie sahen bei den Frauen goldene Nasenringe, mit denen sich heute noch die indianischen Cunas auf der panamesischen Insel San Blas schmücken. Und immer wieder deuteten die Eingeborenen in irgendwelche Richtung, wo Gold zu finden sei. Auch der Admiral forschte danach, wohl auch aus Gewinnsucht, doch mehr noch, weil es ihm, dem manisch Versessenen, vielleicht doch Hinweise gab auf Marco Polos goldene Stadt. Aber noch ein anderer Grund war für ihn entscheidend: Zwar hatte er sein entdeckerisches Ziel erreicht, aber keineswegs wollte er mit leeren Händen nach Spanien, an den Königshof, zurückkehren. Die königliche Schatulle hatte neue Mittel dringend nötig, und man erwartete sie von der heimkehrenden Armada, wenn auch für Isabella der Gedanke der Mission immer vorrangig blieb und für Fernando der territoriale Gewinn, nachdem Spanien durch die Einnahme Granadas in die Reihe der ersten Nationen Europas aufgerückt war.

Gustav Faber:
„Auf den Spuren von Christoph Kolumbus"

Kolumbus glaubte nach ihren Gesten und mißverstandenen Worten, Colba sei Japan und Bohío sei eine andere große, Marco Polo unbekannte Insel. Er nahm sich vor, nachdem er beide besucht hätte, nach Quinsay (Hangtschou) weiterzufahren, der „Himmelsstadt", die Marco Polo in so glänzenden Ausdrücken beschrieb, daß sie für Europa ein Symbol des sagenhaften Reichtums Indiens geworden war. Quinsay, das auf Martin Behaims Globus gerade um die Ecke von Zaitun liegt, ließe sich leicht erreichen, wenn die Flotte Cipangu verfehlte. Leider waren sie erst 56 Längengrade nach Westen gefahren, seit sie Ferro verlassen hatten, und mußten noch 186 zurücklegen, bevor sie in Quinsay ankommen würden, wo doch Amerika dazwischenlag.

Nachdem er sich für diesen Kurs entschieden hatte, machte Kolumbus keinen Versuch mehr, den Passatwinden die Stirn zu bieten und Crooked und Acklin Island zu umschiffen. Die Flotte lag über Sonntag und Montag, den 21. und 22. Oktober, in Portland Harbor „und wartete, ob der König hier oder andere Leute Gold oder irgend etwas Wertvolles bringen würden". Eine Menge von Einheimischen paddelte hinaus, und ein paar goldene Nasenpflöcke wurden für eine Falkenschelle oder eine Handvoll Glasperlen eingetauscht; „aber es ist so wenig, daß es überhaupt nicht zählt", schrieb Kolumbus. Martín Alonso tötete noch einen großen Leguan, und die Männer hieben eine Ladung nutzlose Agaven ab unter dem Eindruck, es sei wertvolle Aloe.

Kolumbus war bereit, am Dienstag, dem 23., aufzubrechen, aber es

herrschte völlige Windstille und regnete. Um Mitternacht kam eine Brise auf, und „ich brach von der Insel Isabela, Kap der kleinen Insel, auf, das an der Nordseite ist, wo ich vor Anker lag, um zur Insel Kuba zu fahren, die, wie ich von diesen Leuten hörte, sehr groß ist und viel Handel treibt und Gold, Gewürze, große Schiffe und Kaufleute hat, und sie zeigten mir, daß ein WSW-Kurs dorthin führen würde. Und an meinem Kurs hielt ich fest, denn ich glaube (...) es ist die Insel Japan, von der wunderbare Dinge berichtet werden, und auf den Globen, die ich sah, und in den Darstellungen auf der Weltkarte ist es in dieser Region. Und so segelte ich, bis es Tag wurde, nach WSW."

Kolumbus' erstes Ziel bestand darin, das Vertrauen der Eingeborenen zu gewinnen, in der Hoffnung zu ermitteln, wo Gold zu haben und der Großkhan zu finden war. Nachdem der Dolmetscher Diego die ansässigen Tainos beruhigt hatte, begann ein lebhafter Austausch von Handelsplunder gegen Nahrungsmittel, Baumwolle und Hängematten. Die Eingeborenen, darauf bedacht, gefällig zu sein, nährten unklugerweise Kolumbus' irrige Annahme, daß er dem chinesischen Kaiser dicht auf der Spur sei, nicht weit von der „edlen Stadt Zaitun" und Quinsay, der Himmelsstadt. Las Casas hat eine einleuchtende Erklärung, wie der Admiral von seinen hilfreichen Gastgebern irregeführt wurde. Ein Bereich im Inneren Kubas, wo eine begrenzte Menge Gold existierte, wurde von den Eingeborenen Cubanacan (Mittel-Kuba) genannt. Wann immer Kolumbus einen goldenen Gegenstand vorzeigte und fragte, wo man mehr finden könne, sprachen die Eingeborenen dieses Wort aus, was er als El Gran Can verstand. Vielleicht verstanden sie die pantomimische Darstellung kaiserlicher Majestät durch die Spanier einfach bloß als einen Wunsch, ihren Kaziken zu treffen, der in der Nähe der heutigen Stadt Holguín seinen Sitz hatte, etwa 25 Meilen von Gibara aus das hübsche Tal des Cacoyuguin hinauf.

So bereitete der Admiral mit rührender Pedanterie eine Gesandtschaft zum Besuch des Kaisers von China in Holguín vor. Der amtliche Dolmetscher Luis de Torres, ein bekehrter Jude, „der Hebräisch und Aramäisch und sogar etwas Arabisch beherrschte", wurde zu ihrem Führer gemacht; und ihm wurde alles diplomatische Zubehör anvertraut: lateinischer Paß, lateinisches Beglaubigungsschreiben von Ferdinand und Isabella und ein königliches Geschenk, von dem wir leider nicht wissen, was es war. Er wurde begleitet von Rodrigo de Xeres, der schon einem Negerkönig in Guinea seine Aufwartung gemacht hatte, von einem ansässigen Indianer und einem aus Guanahaní; Proben von Gewürzen wurden mitgenommen, um sie mit lokalen Produkten zu vergleichen, und Glasperlenketten, um sie gegen Nahrungsmittel einzutauschen. Die „Gesandtschaft" wurde angewiesen, binnen sechs Tagen zurückzukehren.

Samuel E. Morison:
„Admiral der Meere"

Von seiner intensiven Suche nach China und Japan ließ sich Columbus nicht abbringen, im Gegenteil, er versuchte alles, was er bei Marco Polo gelesen hatte, in der Realität wiederzufinden.

Anderes war vordringlicher. Daß vieles von dem, was er bei Marco Polo gelesen hatte, zuzutreffen schien, davon konnte sich Columbus schon während der 1. Reise überzeugen. Zumindest gab es Anhaltspunkte. Er schloß des öfteren in recht abenteuerlicher Weise von Wohlgerüchen auf aromatische Pflanzen, von Muscheln auf Perlen, von Moschusgeruch auf Moschus, von Blattgold auf Goldminen, und er griff gerne die höflichen oder auch berechnenden Auskünfte der Indianer auf, sie hätten von den vorgelegten Gewürzproben schon irgendwo einmal gerochen. Selten täuschte er andere, meistens sich selbst: Er verwechselte Agavesträucher mit Aloë, Bursera simaruba (Gumbo-Limbo) mit Mastixharz, die südamerikanische Schweinepflaume mit der orientalischen Myrobalane-Frucht, und im Golf von Paria (Venezuela) ließen ihn die Kopftücher der Einheimischen an chinesische Seide denken. Wurden Erwartungen enttäuscht, so war eine Erklärung rasch zur Hand: Daß die Austern leer waren und die Mastix nicht gerann, lag eben an Jahreszeit und Wetter. Aber einiges fand sich dann doch, was den fabelhaften Reichtümern Asiens wenigstens nahekam: Baumwolle, einheimischer Pfeffer (Chili), Nüsse, die den indischen glichen, sowie eine Staude, die dem von den europäischen Apothekern so geschätzten Rhabarber (Rheum palmatum) in Aussehen und Wirkungsweise entsprach. Und schließlich entdeckte man ja am Orinoco und in Mittelamerika nicht nur Marco Polos Meerkatzen (Catti pauli), sondern auch Perlen und auf Española wie in Panama Goldminen, wenngleich sie nicht so ergiebig sein sollten, wie zunächst bereitwillig angenommen wurde.

Columbus hatte jedenfalls wenig Grund, an dem zu zweifeln, was ihm die Bücher in den Jahren des Wartens, des Verhandelns und des Selbststudiums mitgeteilt hatten, allen voran der Liber de consuetudinibus et condicionibus orientalium regionum des Marco Polo. Seine Angaben waren nur gelegentlich zu ergänzen, im übrigen aber schienen sie durch die eigenen Entdeckungen bestätigt. Denn die Möglichkeiten der Wahrnehmung waren präjudiziert durch die Lektüre der Bücher.

Folker Reichert:
„Columbus und Marco Polo – Asien in Amerika"

Chronologie

Europa	Orient, Ägypten, Persien	Zentralasien	Indien, Südostasien	China
um 270 v. Rom beherrscht Italien	**330–327 v.** Zug Alexanders d. Gr. nach Indien		**327–325 v.** Feldzug Alexanders d. Gr. nach Indien	**221–210 v.** Regierung des ersten Qin Shi Huangdi
	150 v.–224 n. Parthische Dynastie der Arsakiden	**174 v.** Die Großen Yuezhi oder Indoskythen verlassen Westchina und ziehen nach Zentralasien		**220 v.** Wiederaufbau und Verlängerung der Großen Mauer
				206 v. – 8 n. Dynastie der Westlichen Han
	124–91 v. Regierung Mithridates' II.; das Parthische Reich dehnt sich bis zum Euphrat und nach Armenien aus	**165 v.** Die Yuezhi lassen sich in Baktrien nieder		**182 v.** Wiederholte Einfälle der Xiongnu in Nordchina
		140–126 v. Reisen Zhang Qians zu den Yuezhi in Baktrien und zu den Wusun		**141–87 v.** Regierung des Kaisers Han aus der Dynastie der Wu
	100 v. „Entdeckung“ des Hippaluswindes	**104 v.** Feldzug des Li		**100 v.** Die Reiche Zentralasiens zahlen dem chinesischen Hof Tribut
um 50 v. Erstmals Seide in Rom	**64 v.** Eroberung Syriens durch die Römer			**25–220 n.** Dynastie der Östlichen Han
16 n. Erstes Dekret des Senats gegen das Tragen von Seide	**53 n.** Schlacht von Carrhae	**48 n.** Invasion der Yuezhi in Usbekistan		**65 n.** Erste Erwähnung einer buddhistischen Gemeinschaft
um 70 n. „Fahrt auf dem Erythräischen Meer“		**50 n.** Die Kushan in Gandhara, im Gebiet zwischen Amu Darja und Syr Darja	**um 50 n.** Hindu-Reiche von Funan bis Südkambodscha und nach Vietnam	**58–75 n.** Kaiser Ming schickt eine chinesische Gesandtschaft nach Indien
	97 Reise des chinesischen Gesandten Gan Ying zum Persischen Golf		**100** Indische Gesandtschaft in Rom	**73–97** China erobert die Region von Turfan
				87 Parthische Gesandschaft in China
	115–117 Römisch-Parthischer Krieg		**120** Indische Gesandtschaft bei Hadrian	**120** Gesandtschaft des Königs Shan von Burma in China

Europa	Orient, Ägypten, Persien	Zentralasien	Indien, Südostasien	China
140 Der Geograph Ptolemaios in Alexandria **162–180** Herrschaft Marc Aurels	**163** Das Parthische Reich kontrolliert die Handelsrouten vom Okzident nach Indien und Fernost		**um 150** Münzen von Antoninus Pius in Oc'eo (Vietnam) **um 157** Römische Münzen in Madras	**166** „Römische" Kaufleute in China. Erste Erwähnung buddhistischer Praktiken in China
	224 Ende des Parthischen Reichs **224–226** Ardachir, erster Herrscher der Sassaniden		**225** Reich der Funan in Indochina	**220–280** Die Drei Reiche **226** Ankunft eines Kaufmanns der Da Qin in China
	242 Beginn der Predigten Manis **270** Zenobia, Königin von Palmyra	**241–251** Heiligtum von Miran		**265–316** Regierung der Westlichen Qin **284–287** Gesandte aus dem Osten des Römischen Reichs, aus Linyi (Champa) und aus Funan in Luoyang
313 Das Christentum wird Staatsreligion	**325** Konzil von Nikäa und Verurteilung des Arianismus als Irrlehre **330** Konstantinopel wird Reichshauptstadt			**317–420** Dynastie der Östlichen Qin in China **366** Beginn der Einrichtung der Grotten von Mogao in der Nähe von Dunhuang
395 Einfall der Hunnen, die die Wolga und den Don überqueren **434** Thronbesteigung Attilas	**um 350** Beginn der Textilmanufaktur im Sassanidischen Reich **431** Konzil von Ephesus und Verurteilung des Nestorianismus als Irrlehre	**381** Die zentralasiatischen Königreiche schicken weiterhin Tributzahlungen nach China	**399–412** Pilgerreise des chinesischen Mönchs Faxian nach Indien	**386–534** Dynastie der Wei im Norden in Shanxi
476 Ende des Weströmischen Reichs	**484** Zerstreuung der Nestorianer in Asien		**475–534** Die Hephthaliten fallen in Nordindien ein	
	527–565 Herrschaft Justinians	**um 550** Das Geheimnis der Seidenfabrikation gelangt nach Khotan	**518** Reise des Chinesen Song Yun nach Indien	**um 516–519** Einführung des Manichäismus

Europa	Orient, Ägypten, Persien	Zentralasien	Indien, Südostasien	China
		um 563 Grotten von Bamyan		**552** Der Buddhismus gelangt nach Japan
		567 Reise des Sogders Maniakh an den Hof Justinus' II		**581–617** Dynastie der Sui in China
	622 Flucht Mohammeds von Mekka nach Medina (Hedschra)	**629–645** Reise Xuanzangs nach Zentralasien und nach Indien	**616–647** Rückgang des Buddhismus in Indien	**618–907** Dynastie der Tang in China
	632 Tod Mohammeds			
	634–642 Die Araber erobern den Norden Syriens, Indiens und Ägyptens			**um 635** Die Nestorianer bringen das Evangelium nach China
	642 Die Araber besiegen die Sassaniden bei Nevahend	**652** Eroberung Baktriens durch die Araber	**651** Der Mönch Yanzhao reist durch Tibet nach Indien	
	661–750 Herrschaft der Omayyaden im Orient		**671–695** Reise des Mönchs Yijing nach Indien	**674** Peroz, der letzte Herrscher der Sassaniden, flieht nach Chang'an
697 Wahl des ersten Dogen von Venedig	**717** Belagerung Konstantinopels durch die Araber		**730–1273** Die Moslems dringen in Indien ein	**710–794** Epoche der Nara in Japan
752 Religiöser Bruch zwischen Rom und Byzanz	**750–1258** Kalifat der Abbasiden, der Nachkommen Abbas', des Onkels Mohammeds	**751** Sieg der Araber über die Chinesen in Talas, südlich des Balchaschsees	**um 750** Entstehung des Seehandels zwischen Indien und Kanton	**757–763** Aufstand An Lushans in China
				758 Plünderung Kantons durch die Araber
	762 Gründung Bagdads durch al-Mansur	**763–821** Chinesisch-Tibetischer Krieg		**781** Nestorianische Stele in Syrisch und Chinesisch in Chang'an
		um 780–789 Der Manichäismus kommt zu den Uiguren		**785–805** Materialsammlung des Geographen Jia Dan über die Wege zwischen Kanton und dem Persischen Golf

Europa	Orient, Ägypten, Persien	Zentralasien	Indien, Südostasien	China
800 Kaiserkrönung Karls des Großen	**833–892** Samarra wird neue Hauptstadt der Abbasiden. Die Einheit des islamischen Reichs zerbricht		**802–850** Jayavaman II. begründet das Reich der Khmer	**794** Epoche Heian (Kyoto) in Japan **um 815** Reise Ibn Wahabs nach China
858 Gründung von Vézelay	**851** Herausgabe der „Reise von Indien nach China“	**851** Die Chinesen verjagen die Tibetaner aus Dunhuang und werden wieder Herren über Gansu	**849** Gründung des Reichs Pagan	**839** Reise des Japaners Ennin nach China
		868 Das erste bekannte xylographische Buch, die buddhistische Sutra, wird in Dunhuang entdeckt		**845** In China werden Maßnahmen gegen den Buddhismus ergriffen **879** Plünderung Kantons durch Huang Chao
921 Reise Ibn Fadlans von Bagdad zur Wolgamündung	**um 910** Abu Said aus Siraf schreibt die Fortsetzung der „Reise von Indien nach China“	**916** Schwierigkeiten bei der Benutzung der von den Tibetanern und den Arabern kontrollierten Straßen in Zentralasien		**907–960** Epoche der Fünf Dynastien in China **916–1125** Dynastien der Liao in Peking
	um 950 Herausgabe von „Tausendundeiner Nacht“	**960** Die Karakhaniden in der Gegend von Kaschgar bekehren sich zum Islam		**955** Neue Maßnahmen der Nördlichen Zhou gegen den Buddhismus in China
		966–976 Letzte große Pilgerreise von Chinesen nach Indien durch die Oasen Zentralasiens, die wieder bewirtschaftet werden		**960–1127** Dynastie der Song im Norden Chinas **1004** Frieden zwischen den Song und den Khitai in China. Die Song müssen einen jährlichen Tribut in Seidenwaren und Silber entrichten
1031 Ende der Omayyadenherrschaft in Spanien	**1009** Zerstörung des Heiligen Grabs durch al-Hakim	**1040–1090** Eroberungen der Seldschuken von Turkestan bis zur Ägäis	**1021** Der türkische Sultan Mahmud von Ghazni besetzt den Kaschmir und den Pandschab	**1090** Verwendung des Seekompasses
1096–1098 Erster Kreuzzug	**1098** Eroberung Antiochias und Jerusalems durch die Kreuzfahrer			

Europa	Orient, Ägypten, Persien	Zentralasien	Indien, Südostasien	China
1102 Venezianische Handelsniederlassungen in Tyros und Sidon	**1100** Gründung des lateinischen Königreichs Jerusalem, des Fürstentums Antiochia und der Grafschaften von Edessa und Tripoli	**1128–1133** Sinisiertes Königreich von Karakhitan südlich des Balchaschsees, in Kaschgar und Samarkand. Es gibt Buddhisten und Nestorianer	**1112–1152** Bau von Anghor-Vat	**1127** Die Song fliehen in den Süden von Yangzi
	um 1100–1166 Idrisi, ein arabischer Geograph			**1132** Hangzhou wird die Hauptstadt der Song in Südchina
	1144 Eroberung Ägyptens durch den ayyubidischen Sultan Salah ad-Din			
1165 Apokrypher Brief des Priesterkönigs Johannes	**1187** Rückeroberung Jerusalems durch Salah ad-Din			
	1192 Vertrag zwischen Salah ad-Din und den Kreuzfahrern			
	1204 Plünderung Konstantinopels durch die Kreuzfahrer	**1206** Temujin, Herr der Mongolei, läßt sich zum Dschingis-Khan ausrufen		**1215** Eroberung Pekings durch Dschingis-Khan
1226–1270 Herrschaft Ludwigs IX., des Heiligen, von Frankreich		**1221** Dschingis-Khan erobert Choresm, Turkestan und Persien und plündert Samarkand, Merv und Herat		**1225** „Beschreibung der Barbarenvölker" von Zhao Rugua
		1227 Tod Dschingis-Khans und Teilung des Reichs		**1233** Ögedei nimmt Kaifeng ein
		1245–1247 Gesandtschaft des Giovanni del Piano dei Carpini zu den Mongolen		
1260–1269 Erste Reise der Gebrüder Polo		**1251–1265** Hülegü, Enkel Dschingis-Khans		**1260** Kubilai Khan besteigt den Thron der Mongolen
1270 Achter Kreuzzug. Tod Ludwigs IX.		**1253–1255** Gesandtschaft Wilhelms von Rubruk zu den Mongolen		

Europa	Orient, Ägypten, Persien	Zentralasien	Indien, Südostasien	China
1271–1272 Neunter Kreuzzug	**1291** Ende der Kreuzfahrerstaaten im Orient		**1293** Die Javaner schlagen eine mongolische Invasion zurück. Kolonien chinesischer Kaufleute auf der Insel	**1271–1368** Dynastie der Yüan in China
1271–1295 Zweite Reise der Polos				1293–1330 Johannes von Montecorvino gründet in Khanbalik eine christliche Gemeinde
um 1285 Der nestorianische Mönch Rabban Sauma besucht Italien und Frankreich				
1298 „Das Buch der Wunder“				
1337–1433 Hundertjähriger Krieg	**1314–1377** Ibn Battuta, arabischer Reisender		**1318–1330** Reise Odorics da Pordenone über Indien nach China	**1342** Johannes von Montecorvino kommt in China an
1371 Herausgabe der „Reisen“ des John Mandeville		**1369–1399** Tamerlan erobert Transoxanien, Samarkand wird Hauptstadt	**1398–1399** Tamerlan marschiert im Pandschab ein	**1368–1398** Hongwu begründet die Dynastie der Ming
1427 Die Portugiesen auf den Azoren	**1453** Eroberung Konstantinopels durch die Türken			**1405–1433** Die sieben See-Expeditionen Zeng-Hes nach Südostasien und Afrika
1487–1488 Diaz umrundet das Kap der Guten Hoffnung	**1461** Eroberung Trapezunts durch die Türken. Ende des Byzantinischen Reichs			1419–1423 Gesandtschaft Ghiyath ad-Dins nach China
1492 Christoph Columbus „entdeckt“ Amerika			**1497–1499** Vasco da Gama in Indien	
1498 Vasco da Gama in Kalikut	**1517** Die Türken erobern Kairo	**1501** Ismail, Anführer der safawidischen Schiiten, nimmt den Titel „Schah von Persien“ an	**1510** Die Portugiesen in Goa	**1517–1524** Tragische Gesandtschaft des Tome Pires nach China
			1511 Albuquerque erobert Malakka	
1534 Gründung des Jesuitenordens			**1521** Magellan auf den Philippinen	**1549** Franz Xaver in Japan
1537–1557 Reisebericht des Fernão Mendes Pinto				**1553** Die Portugiesen in Macao
1890 Erste archäologische Expedition ins chinesische Turkestan				**1601–1610** Matteo Ricci in Peking
				1602-1607 Reise des Jesuiten Bento de Goes

Glossar

Abbasiden: Arabische Herrscherdynastie (749–1248), die von Bagdad aus das arabische Weltreich außer Spanien regierte. Unter den Abbasiden erlangte Bagdad seine größte Blüte. 1248 wurde Bagdad von den Mongolen erobert.

Goldene Horde: Russische Bezeichnung für das Mongolische Reich in Osteuropa und Sibirien, das nach dem Tod Dschingis-Khans (1227) aus den Eroberungen seines zweiten Sohns Batu Khan entstand. Die Mongolen bezeichneten ihr Reich als Ulus Dschotschi, Erbteil oder Heerlager Dschotschis (erster, bereits verstorbener Sohn Dschingis-Khans). Nachdem das Reich 1241 seine größte Ausdehnung erreicht hatte, zerfiel es langsam und verlor endgültig seine weltpolitische Bedeutung mit der Befreiung des Moskauer Staats 1480.

Großkhan: Der mongolische Fürstentitel „Khan" wurde von Dschingis-Khan und seinen Nachfolgern mit der Expansion des Mongolenreichs als Titel für den obersten Herrscher der Mongolen übernommen. Da der Titel des Khans aber weiterhin für regionale Fürsten verwendet wurde, bezeichnete man den obersten Herrscher der Mongolen bald als Großkhan. Der Fürstentitel Khan existierte auch nach der Islamisierung der Mongolen noch weiter und bezeichnete ab dem 16. Jh. in Persien hohe Würdenträger des Staates.

Han: Von Liu Pang (Kao Tsu), einem Mann niederer Abkunft, nach dem Verfall der Qin-Dynastie 206 v. Chr. begründete chinesische Kaiserdynastie, die 220 n. Chr. endete. Die neuorganisierte Verwaltung war nicht auf die Person des Kaisers ausgerichtet, sondern wurde zu einem selbständigen Apparat. In der Zeit der Han richteten die Chinesen erstmals den Blick auf Kulturen außerhalb ihres eigenen Einflußbereichs. 220 ging der Staat in sozialen Wirren unter und wurde unter mehreren Heerführern aufgeteilt.

Liao: Bedeutendster chinesischer Teilstaat unter der Sung-Dynastie (960–1280), der auch als Kitan-Staat bezeichnet wurde und bis 1129 Bestand hatte. Der Staat war in dieser Zeit ein totaler Beamtenstaat, alle Anstrengungen zu sozialen und Verwaltungsreformen verliefen im Sand. Der Liao-Staat förderte den Außenhandel (erstmalige belegte Verwendung des Seekompasses) und gelangte so zu großem Reichtum. Im Jahr 1115 schlossen sich die Herrscher der Sung-Dynastie mit den nördlich von China lebenden Tschurtschen zusammen und zerschlugen in den 1120er Jahren das Teilreich Liao.

Manichäismus: Von Mani (216–277) begründete synkretistische Weltreligion, die sich von Babylonien aus bis Spanien und bis China ausgedehnt hatte. Mani sah sich selbst als den endgültigen Propheten an und sicherte bereits selbst den Kanon der heiligen Schriften seiner Kirche: das Buch der Mysterien, das Buch der Giganten, der Schatz des Lebens, die Pragmateia, das Lebendige Evangelium sowie das Briefkorpus. Mani selbst steht als Leiter und Erleuchter an der Spitze seiner Kirche, die aus *Electi* (Auserwählte, Priester) und *Auditores* (Hörer, Laien) besteht. In einem besonders bei den *Electi* stark asketisch geprägten Leben soll die Seelenwanderung erreicht werden, die zur Läuterung des von der Finsternis gefangenen Lichts beiträgt. Der ursprünglich von den bösen Geistern geschaffene Mensch wurde von Jesus über seine wahre Existenz aufgeklärt. Der Manichäismus starb nach dem Mongolensturm im 13. Jh. aus.

Ming: Chinesische Kaiserdynastie (1368–1644), die die in der Sung-Zeit alles beherrschende Bürokratie drastisch reduzierte. Der Kaiser übernahm wieder die absolute Macht und umgab sich mit konfuzianisch geprägten Ratgebern. Während der Ming-Dynastie wurde die Große Mauer wieder instandgesetzt, unternahm Zeng-He seine großen See-Expeditionen nach Südostasien und nach Afrika. Die Ankunft der Europäer, v. a. der Portugiesen in China fällt in diese Zeit.

Mongolen: Aus der zentralasiatischen Mongolei (heute Mongolische Volksrepublik und Innere Mongolei in China) stammende tungide Volksgruppe. Die Mongolei war immer wieder Bestandteil nomadischer Großreiche (seit 209 zum Hunnenreich, 407–552 zum Reich der Awaren, 730–840 zum Reich der Uiguren gehörig, seit frühem 13. Jh. Ausgangspunkt für das Großreich Dschingis-Khans). Ab 1260 war die Mongolei nur noch Nebenland der chinesisch-mongolischen Dynastie der Yüan und verlor danach zunehmend an Bedeutung.

Nestorianismus: Auf den Patriarchen von Konstantinopel, Nestorius (381–451), zurückgehende christliche Lehre. Nach den Thesen der Nestorianer ist Christus nicht Gott, sondern nur Mensch, der sich durch seinen makellosen Lebenswandel und sein sittliches Vorbild die Würde eines Mittlers zwischen Gott und den Menschen erwarb. Die Lehre wurde auf dem Konzil von Ephesus 431 als Irrlehre verurteilt.

Qin: Chinesische Kaiserdynastie (255–206 v. Chr.). Unter dieser Dynastie wurde das ganze Reich 221 v. Chr. erstmals ganz geeint, und der Kaiser nahm den Titel Shih Huang Ti (Erhabener Kaiser des Anfangs) an und galt als eine Art Gottmensch. Unter seiner Herrschaft wurden die innerchinesischen Grenzen aufgelöst, das Bewässerungssystem sowie der Handel über das ganze Land ausgedehnt und Schrift, Verwaltung und Amtssprache vereinheitlicht. Die Beamten wurden turnusmäßig abgelöst, was dem Kaiser größere Handlungsfreiheit verlieh. Nach dem Tod Shih Huang Tis verfiel das Reich rasch wieder.

Sogdier / sogdisch: Volk aus der zentralasiatischen Region zwischen Syr-Darja und Amu-Darja mit dem Zentrum Marakanda (heute Samarkand). Die Sogdier gehörten nacheinander zum Persischen Reich, zum Reich Alexanders, dem Reich der Seleukiden, der Gräkobaktrier und dann der Sassaniden. Mit dem Eindringen der Usbeken im 15./16. Jh. wurden die Sogdier turkisiert. Die sogdische Sprache hatte jedoch im gesamten Mittelalter auf weiten Strecken der Seidenstraße die Funktion einer lingua franca, derer man sich allgemein zur Verständigung bediente.

Tataren: Ursprünglich der Name eines kleinen, von Dschingis-Khan vernichteten mongolischen Stammes. Später bezeichneten die Russen (fälschlicherweise) die Mongolen der Goldenen Horde als Tataren, und aus dieser Bezeichnung entwickelte sich nach dem Zusammenbruch des Reichs der Goldenen Horde 1419 die allgemeine Bezeichnung für das entstandene Mischvolk.

Tocharisch: Die bis ins 8. Jh. in Ostturkestan gesprochene Sprache ging wohl um 1000 unter. Das Tocharische (das nichts mit dem in der Antike wohl in Nordpersien lebenden Volk der Tocharer zu tun hat) gewann seine Bedeutung u. a. dadurch, daß es als eine Art Liturgiesprache benutzt wurde. So wurden bedeutende Werke des Buddhismus in dieser Sprache verfaßt.

Xylographie: Holzschnitt. In China wurde die Xylographie als eine Art Buchdruck eingesetzt: Man färbte Holztafeln und rieb sie auf Papier ab.

Zoroastrismus: Aus der gräzisierten Namensform Zarathustras (Zoroaster, zw. 1000 und 600 v. Chr.) abgeleitete Bezeichnung für die Staatsreligion des Sassanidenreichs. In der Lehre Zarathustras, der das dualistische Prinzip zugrunde liegt, steht der gute Gott Ahura Masda dem bösen Geist Angra Manju gegenüber. Die heilige Schrift des Zoroastrismus ist die Awesta, deren älteste Teile, die Gathas, wohl auf Zarathustra selbst zurückgehen. Heute ist der Zoroastrismus/Parsismus praktisch eine monotheistische Religion.

Kleine Auswahl der weiterführenden Literatur

Berthold Altaner: Die Dominikanermissionen des 13. Jahrhunderts, Habelschwerdt 1924.

Wolfgang Bauer (Hrsg.): China und die Fremden, München 1980.

Luce Boulnois: Die Straßen der Seide, Wien 1964.

Wolfgang Franke: China und das Abendland, Göttingen 1962.

Jacques Gernet: Die chinesische Welt, Frankfurt 1979.

Hans Wilhelm Haussig: Die Geschichte Zentralasiens und der Seidenstraße in vorislamischer Zeit, Darmstadt 1983.

Hans Wilhelm Haussig: Die Geschichte Zentralasiens und der Seidenstraße in vorislamischer Zeit, Darmstadt 1988.

Richard Hennig: Terrae incognitae, 4 Bände, 2. Auflage 1944–1956.

Norbert Ohler: Reisen im Mittelalter, 2. Auflage, München 1988.

Eberhard Schmitt (Hrsg.): Die mittelalterlichen Ursprünge der europäischen Expansion, München 1985.

Verwendete Literatur

Hansgerd Göckenjan und James R. Sweeney (Hrsg.): Der Mongolensturm. © bei Hansgerd Göckenjan.

Bericht des Dominikaners Julianus Zit. n.: Der Mongolensturm ... Ebd.

Bericht des Magisters Rogerius. Zit. n.: Der Mongolensturm ... Ebd.

Charles Verlinden/Eberhard Schmitt (Hrsg.): Die mittelalterlichen Ursprünge der europäischen Expansion. © C. H. Beck'sche Verlagsbuchhandlung (Oscar Beck), München 1986.

Hans Lemke (Hrsg.): Die Reisen des Venezianers Marco Polo im 13. Jahrhundert, Hamburg 1908.

Odoric da Pordenone. Zit. n.: Reinhold Jandesek, Der Bericht des Odoric da Pordenone über seine Reise nach Asien. ©Ulrich Knefelkamp, Bamberg.

Ulrich Knefelkamp: Die Suche nach dem Reich des Priesterkönigs Johannes. © Ulrich Knefelkamp, Bamberg.

Gerhard E. Sollbach (Hrsg.): Das Reisebuch des Ritters John Mandeville. Ins Neuhochdeutsche übertragen und eingeleitet von Gerhard E. Sollbach. © Insel Verlag Frankfurt am Main 1989, S. 204–211, 228/229.

Alfons Gabriel: Marco Polo in Persien. Typographische Anstalt, Wien.

Wilhelm von Rubruck: Reisen zum Großkhan der Mongolen. © by Edition Erdmann in K. Thienemanns Verlag, Stuttgart-Wien.

Ulrich Knefelkamp: Die Handlungswege kostbarer Textilien nach Mitteleuropa vom 10. bis 15. Jahrhundert; aus: Textile Grabfunde aus der Sepultur des Bamberber Domkapitels. © 1988 Bayerisches Landesamt für Denkmalpflege, München.

Alvise Zorzi: Marco Polo. © 1983 Claassen Verlag GmbH, Düsseldorf.

Gustav Faber: Auf den Spuren von Christoph Kolumbus. © 1987 Paul List Verlag, München.

Volker Reichert: Columbus und Marco Polo – Asien in Amerika. Zur Literaturgeschichte der Entdeckungen; aus: Zeitschrift für historische Forschung 1988, S. 1ff. © Verlag Duncker & Humbolt GmbH, Berlin.

Samuel E. Morison: Admiral der Meere. Übersetzerin: Jutta Schlösser. ©1993 Akademie Verlag GmbH, Berlin.

Bildnachweis

Umschlag

Vorderseite: Marco Polo schifft sich ein. Miniatur aus dem „Buch der Wunder". Manuskript, 14. Jh. Paris, Bibliothèque nationale (Bibl. nat.).

Buchrücken: Ausschnitt aus einer zimuridischen Miniatur in „Le Trésor des Secrets". Manuskript, 15. Jh. Istanbul, Museum der türkischen und islamischen Kunst.

Rückseite: Reiseszene. Gemälde aus dem 15. Jh. mit chinesischem Einfluß. Istanbul, Bibliothek des Topkapi-Museums. Foto: Dagli Orti, Paris.

Bildvorspann

1–9 Miniaturen aus dem „Buch der Wunder". 14. Jh. Paris, Bibl. nat.

11 Abfahrt der Kaufleute. Miniatur aus dem „Buch der Wunder". 14. Jh. Paris, Bibl. nat.

12 Gleichnis von der trügerischen Stadt. Fresko in der Höhle 103 von Dunhuang. Volksrepublik China. Foto: Gallimard, Paris.

13 Pfeifender Schauspieler. Chinesische Terrakottaplastik aus der Yüan-Zeit, 1278–1368. Foto: Edimédia, Paris.

14 Mänade. Fresko. Neapel, Nationalmuseum. Foto: Scala, Florenz.

15 (oben links) Mithridates I. Münze. Paris, Bibl. nat. Foto: Cabinet des Médailles, Paris.

15 (oben rechts) Vologaeses III. Münze. Ebd.

15 (unten) Verkauf von Decken und Kissen. Römisches Relief. Florenz, Uffizien. Foto: Scala, Florenz.

16 (oben) Zhang Qian nimmt Abschied vom Kaiser Wu. Gemälde aus der Tang-Zeit, 618–975. Höhle 323 in Dunhuang. Volksrepublik China. Foto: Gallimard, Paris.

16 (unten) Bogenschütze. Terrakottaplastik aus der Tang-Zeit. Paris, Musée Cernuschi.

17 Barbier. Bemalte Terrakottaplastik aus der Tang-Zeit. Ebd. Foto: Dagli Orti, Paris.

18/19 Eine Prinzessin wird dem König der Wusun zur Frau gegeben. Gemälde aus der Han-Zeit. New York, Metropolitan Museum of Art.

20 Das Drachenpferd verläßt den Gelben Fluß. Paris, Bibl. nat., Manuskriptsammlung.

21 (oben) Pferd. Grabbeigabe aus Terrakotta aus der Han-Zeit. Rom, Museo Nazionale dell'Arte Orientale. Foto: Scala, Florenz.

21 (unten) Fliegendes Pferd. Bronze aus der späten Han-Zeit, 947–951. Foto: Bulloz, Paris.

22 Von Räubern überfallene Kaufleute. Fresko aus der Höhle 45 von Dunhuang. Volksrepublik China. Foto: Gallimard, Paris.

23 Kamel, das ein Orchester trägt. Farbig glasierte Keramik. Peking, Historisches Museum. Foto: Ebd.

24/25 Vasallen bringen ihre Tribute an den Hof der Tang. Ausschnitt aus einer Bildrolle, dem Yan Liben, 7. Jh., zugeschrieben. Paris, Bibl. nat. Foto: Sina Press, Paris.

26 Anrufung in Guanyin. Fresko aus der Tang-Zeit in der Höhle 45 von Dunhuang. Volksrepublik China. Foto: Gallimard, Paris.

27 Ein Einwohner von Da Qin (Rom), wie die Chinesen ihn sahen. Holzschnitt. Foto: Ebd.

28/29 Illustrationen zur Seidenverarbeitung. Lyon, Musée Historique des Tissus.

30/31 Dass. Ebd.

Zweites Kapitel

32 Pilgermönch. Gemälde. Paris, Bibl. nat., Manuskriptsammlung.

33 Buddhistische Szene; aus: Vajracchedikaprajnaparamita Sutra, 18. Jh. Ebd.

34 Buddha Sakyamuni. Skulptur aus der Gandhara-Zeit (Indien), 3.–4. Jh. Paris, Musée Guimet. Foto: Réunion des Musées Nationaux (RMN).

35 (oben) Konfuzius besucht Laotse. Steindruck. Foto: Viollet, Paris.

35 (unten) Laotse, nach einem chinesischen Holzstich; aus: A. Thevet, „Cosmographie Universelle", 1575. Paris, Bibl. nat. Foto: Ebd.

36 (oben) Lotos Sutra, aus der Tang-Zeit. London, British Museum.

36 (unten) Chinesisches Rollbild, 8. Jh. Paris, Musée Guimet. Foto: RMN.

37 Karawane; aus: „Cosmographie Universelle" ... a. a. O. Foto: Charmet, Paris.

38 Reisealtar. Holz. Aus der Tang-Zeit. Paris, Musée Guimet. Foto: RMN.

39 (oben) Drei Personen, Buddha huldigend. Skulptur aus dem 2. Jh. Rom. Museo Nazionale dell' Arte Orientale. Foto: Scala, Florenz.

39 (unten) Buddhistischer Mönch. Holz. Aus der Sung-Zeit. Ebd.

41 Wandgemälde aus einer Tempelhöhle in Ajanta, Indien. 2.–7. Jh. Foto: Scala, Florenz.

42 Uigurische Prinzen und Prinzessinnen. Wandbild aus dem Tempel 9 von Bezeklik, 9. Jh. Foto: Gallimard, Paris.

43 Aus einem nestorianischen Evangeliar stammendes Gemälde. Paris, Bibl. nat., Manuskriptsammlung.

44 (oben) Nestorianische Stele, 782 n. Chr. Abguß. Paris, Musée Guimet. Foto: Bulloz, Paris.

44 (unten) Tod des Priesterkönigs Johannes. Miniatur aus dem „Buch der Wunder". Paris, Bibl. nat., Manuskriptsammlung.

45 Heilige Krieger verbreiten den Islam; aus: „Hamle-Ye Haydari", 1756. Paris, Bibl. nat., Manuskriptsammlung.

Drittes Kapitel

46 Auf dem Weg durch die Wüste. Miniatur; aus: „Al-Maqamat" von al-Hariri. Paris, Bibl. nat.

47 Ausschnitt aus einem katalnischen Atlas des 14. Jh. Paris, Bibl. nat. Foto: Edimédia, Paris.

48 Segler auf dem Euphrat. Aus: „Al-Maqamat" a. a. O.

49 Rastende Karawane. Aus: „Al-Maqamat" a. a. O.

50 Karte Indiens von Mao Kun, China, 16. Jh. Foto: Gallimard, Paris.

51 (oben) Karte von al-Idrisi. Foto: Bibl. nat., Paris.

51 (unten) Abu Said auf seinem Kamel. Aus: „Al-Maqamat" a. a. O.

52/53 Transport kostbarer Steine im 10. Jh. Paris, Bibl. nat. Foto: Tapabor, Paris.

54 (oben) Chinesischer Kompaß. Paris, Bibl. nat.

54 (unten) Geomantischer Kompaß, 18. Jh. Holz. Ebd.

55 (oben) Arabisches Astrolabium, von Ahmad Ibn Khalaf konstruiert. Messing. Irak, 9. Jh. Ebd.

55 (unten) Indischer Pfeffer. Stich aus dem „New Kreuterbuch" von Leonhard Fuchs, 1501–1566. Basel 1543. Ebd. Foto: Charmet, Paris.

56 (oben) Pfefferernte in Indien. Aus dem „Buch der Wunder". Paris, Bibl. nat. Foto: Edimédia, Paris.

56/57 Reiseszene. Gemälde aus dem 15. Jh. mit chinesischem Einfluß. Istanbul, Bibliothek des Topkapi-Museums. Foto: Dagli Orti, Paris.

57 Der Ludwig IX., der Heilige, schifft sich für den Kreuzzug ein. Miniatur aus dem 15. Jh. Paris, Musée du Louvre. Foto: Giraudon, Paris.

58 Händler mit Waage. Aus: „Tractatus de Herbis", Ende des 15. Jh. Modena, Estensische Bibliothek. Foto: Dagli Orti, Paris.

59 (oben) Zuckerhuthändler. Ebd.

59 (unten) Zimthändler. Ebd.

61 Muskatnußhändler. Ebd. Foto: Giraudon, Paris.

62 (oben) Händler beladen ein Schiff. Miniatur aus dem 12. Jh. Venedig, Markusbibliothek. Foto: Viollet, Paris.

62 (unten) Szene in einer Apotheke. Miniatur vom Ende des 15. Jh. Foto: Scala, Florenz.

63 Abfahrt Marco Polos. Miniatur aus dem Alexanderroman. Oxford, Bibliothek. Foto: E. T. Archives, London.

64 Tuchhändler. Miniatur aus dem „Livre des status de la corporation des drapiers". Foto: Dagli Orti, Paris.

65 (oben) Die Gebrüder Polo vor dem Großkhan. Aus dem „Buch der Wunder". Paris, Bibl. nat., Manuskriptsammlung.

65 (unten) Mongolischer Reiter. Anonymer Stich. Foto: Bibl. nat., Paris.

Viertes Kapitel

66 Abreise der Familie Polo. Miniatur aus dem „Buch der Wunder". Paris, Bibl. nat.

67 Marco Polo im Tatarenkostüm. Aquarell aus dem 18. Jh. Venedig, Museo Correr. Foto: Giraudon, Paris.

68 Die Gebrüder Polo nehmen Abschied vom byzantinischen Kaiser. Miniatur aus dem „Buch der Wunder", Ende 13. Jh. Venedig, Bibliothek des Museo Correr. Foto: E. T. Archives, London.

69 Lagerplatz in Karachi. Miniatur aus dem „Buch der Wunder". Paris, Bibl. nat.

68/69 (unten) Marco Polo und seine Gefährten. Aus einem katalanischen Atlas Karls V. Paris, Bibl. nat.

70 Reiseroute Marco Polos. Karte von Patrick Mérienne. Foto: Gallimard, Paris.

71 (oben) Die Polos überreichen dem Khan ein Buch und ein Kreuz. Miniatur aus dem „Buch der Wunder". Paris, Bibl. nat.

71 (unten) Ankunft Marco Polos am Hofe Kubilai Khans. Ebd. Foto: Giraudon, Paris.

72 Marco Polo. Holzstich. Nürnberg 1477. Foto: Ronald Sheridan, London.

73 Perlenfischerei und Türkisgewinnung in Yünnan. Miniatur aus dem „Buch der Wunder". Paris, Bibl. nat.

74 Teilansicht von Cathai (China). Karte von 1458. Venedig, Markusbibliothek. Foto: Bibl. nat., Paris.

74/75 (oben) Marco Polo wird chinesischen Notabeln vorgestellt. Chinesische Wandmalerei. Volksrepublik China, Museum von Schanghai. Foto: Viollet, Paris.

75 (unten) Steuern, die dem Großkhan in Form von Zucker und Salz bezahlt wurden. Miniatur aus dem „Buch der Wunder". Paris, Bibl. nat. Foto: Gallimard, Paris.

76 (oben) Straßen und Kanäle in Hangchow (Qinsay). Ebd.

76 (unten) Detail aus dem o. g. Bild. Ebd.

77 Der ambulante Arzt in einem Dorf. Gemälde von Li Tang. Museum von Taipeh. Foto: Edimédia, Paris.

78 Geburtstag des Großkhans. Miniatur 1098; aus: „Les Voyages de Marco Polo". Oxford, Bibliothek. Foto: Ebd.

79 (ganz oben) Druckplatte aus Terracotta. Paris, Musée Guimet. Foto: RMN.

79 (oben Mitte) Druckformen mit uigurischen Schriftzeichen. Ebd.

79 (unten) Geld aus Maulbeerbaumrinde. Miniatur aus dem „Buch der Wunder". Paris, Bibl. nat.

80 Aufbruch von Gesandten und Boten. Ebd.

81 Maffeo und Nicolo Polo nehmen Abschied vom Herrscher. Ebd.

82 (oben) Seefahrer im Indischen Ozean. Der Gebrauch des Kompasses. Ebd.

82 (unten) Chinesisches Schiff. Anonymer Stich. Foto: Gallimard, Paris. Ebd.

83 Marco Polo. Vignette aus einem spanischen Buch; aus: „Brève introduction au livre de Marco Polo", 1503. Holzschnitt. Foto: Archiv für Kunst und Geschichte, Berlin.

84/85 Kartenwerk von Ramusio und Grisellini. Asien mit der Reiseroute Marco Polos. Venedig, Palazzo Ducale. Foto: Dagli Orti, Paris.

86 (oben) Marco Polo nach einer Zeichnung von Bonatti. Foto: Viollet, Paris.

86 (unten) Genua. Ausschnitt aus der „Cosmographia" von S. Münster aus dem 16. Jh. Foto: Explorer Archives, Paris.

87 Portolan (Windstrahlenkarte) aus dem 15. Jh. Venedig, Bibliothek des Museo Correr. Foto: Dagli Orti, Paris.

88 In Persien hört Marco Polo die Geschichte der heiligen drei Könige. Miniatur aus dem Alexanderroman. Oxford, Bibliothek. Foto: E. T. Archives, London.

89 Phantasiegestalten aus der Nürnberger Chronik von 1494. Paris, Bibliothèque Mazarin. Foto: Charmet, Paris.

90 (oben) Salamander. Stich aus einer Neuauflage der „Cosmographia" des S. Münster von 1628. Foto: Archiv für Kunst und Geschichte, Berlin.

90 (unten) Kamel. Stich. Ebd.

91 (oben) Mittelalterlicher Tuchmarkt in Bologna. Miniatur aus dem 15. Jh. Bologna, Museo Civico. Foto: Dagli Orti, Paris.

91 (unten) Das Wiegen von Wolle. Miniatur aus dem „Livre de la corporation des lainiers". 14. Jh. Venedig, Museo Correr. Foto: Ebd.

92/93 Kamelkarawane im Pamir. Foto: Roland und Sabrina Michaud.

94/95 Kirgisisches Zeltlager. Foto: Ebd.

96/97 Kamelkarawane im Pamir. Foto: Ebd.

Fünftes Kapitel

98 In Lyon von Papst Innozenz IV. 1245 gegen Friedrich II. abgehaltenes Konzil. Ausschnitt aus einer Miniatur. Foto: Rappho, Paris.

99 Der heilige Dominik. Miniatur aus der „Légende des Saints" von Johannes von Voragine, 1348. Paris, Bibl. nat.

100 Pilger vor der Heiliggrabkirche in Jerusalem. Ausschnitt aus einer Miniatur aus dem „Buch der Wunder", um 1410. Paris, Bibl. nat. Foto: Edimédia, Paris.

101 (links) Innozenz IV. Anonymer Stich. Foto: Tapabor, Paris.

101 (rechts) Brief von Khan Güyük an Innozenz IV., 1246; aus: P. Pelliot, „Les Mongols dans la papauté". Rom, Archivo del Castello. Foto: Gallimard, Paris.

102 (links) Der hl. Franz von Assisi predigt den Vögeln. Ausschnitt aus einem Gemälde von Giotto. Paris, Musée du Louvre. Foto: Charmet, Paris.

102 (rechts) Wilhelm von Rubruk. Stich nach alten chinesischen Dokumenten. Paris, Bibliothèque du Musée des Arts Décoratifs. Foto: Ebd.

103 Der heilige Ludwig. Miniatur. Venedig, Markusbibliothek. Foto: Viollet, Paris.

104 Das Martyrium der Franziskaner: Tatarenkopf. Ausschnitt aus einem Gemälde von Pietro Lorenzetti, erste Hälfte des 14. Jh. Siena, San Francesco. Foto: Scala, Florenz.

105 Franziskanermönche in Asien sammeln Pflanzen. Miniatur aus dem 16. Jh. Perugia, Biblioteca Augustea. Foto: Dagli Orti, Paris.

106 Bestickte Mitra aus der Schatzkammer der Sainte Chapelle von Paris. Vorderansicht: Englischer Gruß und Anbetung durch die heiligen drei Könige. Paris, Musée de Cluny. Foto: RMN.

107 Die Abreise Odorics da Pordenone; aus: „Romances and Travel", 14. Jh. London, British Museum. Foto: British Library, London/Gallimard, Paris.

108 Chinesischer Bettelmönch und Gläubiger in schwarzer Kleidung mit einer Kopfbedeckung nach Art der Katholiken; aus: „Cérémonies et coûtumes religieuses de tous les peuples du monde". Zeichnung von B. Piquart, 18. Jh. Foto: Gallimard, Paris.

109 Die Pest. Gemälde von Giovanni Sercambi, Florenz. Foto: Scala, Florenz.

Sechstes Kapitel

110 Hydrographische Weltkarte (Ausschnitt) von Jean Guérard, 1634. Paris, Bibl. nat.

111 Fest der portugiesischen Flotte. Ausschnitt aus einem Gemälde des 16. Jh. Lissabon, Archivo de la Torre de tombo. Foto: Giraudon, Paris.

112 Portrait Christoph Columbus'. Anonymes Gemälde auf Holz. Französische Schule des 17. Jh. Versailles, Musée national du château. Foto: RMN.

113 Ankunft der Portugiesen in Indien. Ausschnitt aus einem Wandteppich: Ankunft Vasco da Gamas in Kalkutta. Lissabon, Museo de Caramulo. Foto: Edimédia, Paris.

114/115 Dschunken zum Rudern und zum Segeln. Drucke. Paris, Sammlung des Marinemuseums. Foto: RMN.

115 Chinesisches Schiff. Anonymer Stich.

116/117 Ankunft der Portugiesen in Japan. Schule von Kano, 17. Jh. Paravent von Namban Byobu. Malerei auf Papier. Paris, Musée Guimet. Foto: Explorer Archives, Paris.

118 Gesandte; aus: „Costumes et mœurs de Chine". Paris, Bibl. nat. Foto: Gallimard, Paris.

119 Erstes Anlanden der Portugiesen in Kanton im Jahre 1517. Stich; aus: „Voyage en Chine", F. Andrade Leyde, 1706. Paris, Bibl. nat. Foto: Charmet, Paris.

120 Der heilige Franz Xaver. Gemälde. Foto: Explorer Archives, Paris.

121 Ankunft der Portugiesen in Japan. Ausschnitt aus einem Paravent des 16. Jh. Porto, Museo Soares dos Reis. Foto: Dagli Orti, Paris.

122/123 Die Route der Seidenstraße. Karte von Patrick Mérienne. Foto: Gallimard, Paris.

Zeugnisse und Dokumente

Register

Inhalt